珍藏本
纪念版

汉译世界学术名著丛书

躯体的智慧

〔美〕坎农 著

范岳年 魏有仁 译

商务印书馆
SINCE 1897 The Commercial Press

2017年·北京

Walter B. Cannon

THE WISDOM OF THE BODY

Kegan Paul, Trench, Trubner & Co. Ltd

London

1932

本书根据伦敦 1932 年版译出

汉译世界学术名著丛书
（120 年纪念版·珍藏本）
出 版 说 明

2017 年 2 月 11 日，商务印书馆迎来 120 岁的生日。120 年前，商务印书馆前贤怀揣文化救国的理想，抱持“昌明教育，开启民智”的使命，立足本土，放眼寰宇，以出版为津梁，沟通中西，为中国、为世界提供最富智慧的思想文化成果。无论世事白云苍狗，潮流左右激荡，甚至战火硝烟弥漫，始终践行学术报国之志，无改初心。

迻译世界各国学术名著，即其一端。早在 20 世纪初年便出版《原富》《天演论》等影响至今的代表性著作，1950 年代后更致力于外国哲学和社会科学经典的译介，及至 1980 年代，辑为“汉译世界学术名著丛书”，汇涓为流，蔚为大观。丛书自 1981 年开始出版，历时三十余年，迄今已推出七百种，是我国现代出版史上规模最大、最为重要的学术翻译工程。

丛书所选之书，立场观点不囿于一派，学科领域不限于一门，皆为文明开启以来，各时代、各国家、各民族的思想与文化精粹，代表着人类已经到达过的精神境界。丛书系统译介世界学术经典，引领时代思想，为本土原创学术的发展提供丰富的文化滋养，为推动中国现代学术和现代化进程做出了突出的贡献。

为纪念商务印书馆成立120周年，我们整体推出“汉译世界学术名著丛书”120年纪念版的珍藏本，寄望既利于文化积累，又便于研读查考，同时向长期支持丛书出版的译者、编者和读者致以敬意。

两甲子后的今天，商务印书馆又站在了一个新的历史时间节点上。我们不仅要铭记先辈的身影和足迹，更须让我们的步伐充满新的时代精神。这是商务人代代相传的事业，更是与国家和民族的命运始终紧密相连的事业。我们责无旁贷，必须做好我们这代人的传承与创造，让我们的努力和成果不仅凝聚成民族文化的记忆，还能成为后来人可以接续的事业。唯此，才能不负前贤，无愧来者。

商务印书馆编辑部

2017年10月

目　　录

序

我致力于生理学研究三十多年之久，这个过程大体上是坚持不懈和从不间断的。我在学生时代所作的第一个研究是吞咽现象。以后，使我十分自然地去观察胃的运动，肠的运动和影响肠胃运动的各种条件。《消化的机械因素》一书总结了我将近十年的对消化道的研究工作，该书后面几章是消化过程的神经调节问题和情绪受干扰时的种种情况。随后，凡是研究情绪激动对肾上腺分泌的影响以及因此而引起的体内变化的含义的研究小组，都是以早期的关于情绪对消化的影响的观察作为它的出发点。这些研究在《疼痛、饥饿、恐惧和激怒时机体的变化》一书中已有全面的报告。这些研究转过来又使我对神经自动系统的一般作用发生兴趣——这种兴趣来源于第一次世界大战期间所做的一些研究，其内容已记述在《创伤性休克》一书之中。

显而易见，本书就是上述概念理所当然的向前发展。它主要是关于神经自动系统与生理过程自动调节的关系。这种关系只是缓慢地被揭示出来的。实际上，对这种调节系统尚未弄清楚之前，关于保证机体稳定性的自动作用的不少研究早已完成并报道于世。我们发现，我们长期以来的工作就是从事自动系统在维持稳态方面的作用，但我们过去并没有认识到我们已经这样做了！于是，过去已经发现的事实呈现出了新的意义。早期的值得重视的成果变得更加富有意义了，这在以下章节中阐述。

本书的主要内容曾以题为“生理稳态的组织”这样一篇技术性论文首先刊载于1929年生理学报。1930年在剑桥大学举行的林纳克(Linacre)讲座中提出了机体内稳态调节与自动系统的关系。以上两次所提到的概念于1930年冬在索本纳(Sorbonne)举行的一系列讲演中又作了引申。鉴于这些知识，除生物学家外，也对一般读者富有趣味，我们就把这些概念介绍给一般读者。当然，我希望这些阐述也能提供生物学家和研究工作者参考，因为我有机会指出我们知识上的一些空白点，这对于进一步的研究可能有益。

1923年，伦敦大学已故教授施塔林(E. H. Starling)曾为皇家医科大学作哈维讲座，他对威廉·哈维(William Harvey)所强调过的并验证过的解决生物学课题的实验方法给予高度评价。按照哈维的“通过实验方法揭露自然的秘密”的教导而揭示出来的机体内的奇妙而完备的种种调节使施塔林教授惊叹不已。他的讲演题目是“躯体的智慧”。他说：只有懂得了躯体的智慧，我们才能达到控制疾病和痛苦的目的，从而使我们解脱人类的负担。由于我与施塔林教授的观点一致，又因为我提出的事实和说明恰恰表达了他的观点，所以我选定他的讲演题目作为这本书的书名。

瓦尔特·B. 坎农

1932年于波士顿

引　言

I

我们的躯体是由很不稳定的物质组成的。沿着我们神经而传递的能量脉冲如此的小，以致要用极精细的方法才能测定。当冲动到达肌肉时碰到一种物质，这种物质对轻微刺激如此敏感，恰似通过信管的激发而爆炸一样，产生一个强有力的运动。我们的感觉器官可以对微小的刺激发生反应。只是新近人们才能够制成一种装置，其感应性与我们的听觉器官相近似。鼻腔内的嗅区能感受占空气重量的千万分之一的香精，感受一公升（接近一夸脱）空气中含有 2,300 万分之一毫克的硫醇。就视力而论，已经证明眼睛对 5×10^{-12} 耳格（erg）发生感应。据贝利斯（Bayliss）计算，它相当于使感光最快的胶卷的感光能量的 3000 分之一。

当多种条件发生改变时，机体的迅速变化表明了机体结构的不稳定性。例如，我们都知道，当脑血管中的血流发生短时间的停滞时，就可导致脑的某一部分活动的突然故障，从而发生昏迷和知觉丧失。我们知道，假使在很短一段时间内，例如 7—8 分钟，完全停止脑的血液供应就会促使与智力活动有关的脑细胞发生无法恢复的严重损伤。诚然，组成我们的躯体的各种结构的高度不稳定性正说明为什么溺水、煤气中毒或电击会迅速使人致死。但在上述某种意外事故之后来对躯体进行检验时，我们却找不出明显的创伤足以解释所有基本活动何以全部消失。人们曾经希望这种似乎是正常的和天然的形式能够激发起来，从而起死回生。可是，人体内的容易起变化的物质已经有了微细的改变，在这些条件下，它们阻碍任何生命活动的恢复。

当我们考虑到我们的机体的结构的高度不稳定性，考虑到机体对最轻微的外力所引起的纷乱的敏感性，以及考虑到在不利情况下它的解体的迅速出现等情况时，那么对于人能活几十年之久这种情形似乎是令人不可思议的。当我们认识到人体这个系统是开放的，它和外界进行着自由的交换，认识到这种结构本身并不是永恒不变的，而是在活动的磨损和裂解中不断地解体，并且又藉修复作用不断地重建时，更要使人感到惊奇。

II

生物学家对于生命体维持它们自身的恒定的能力早就有所察觉。藉助自然的力量，即自然治疗力治疗疾病的概念是由希波克拉底(Hippocrates，公元前 460—377)提出来的。这个概念表示，在机体的正常状态失调时，存在着一种准备来纠正这种失调状态的力量。在现代生理学家的著作中可以找到关于自我调节装置的较为详细的论述。德国生理学家弗律格(Pflüger)认识到能够保持机体的稳态的天然装置，他于 1887 年提出这样一条格言："生命体每种需求的原因就是满足该需求的原因"。1885 年比利时生理学家莱昂·弗莱德立克(Leon Fredericq)同样地宣称："生命体就是这样一种装置，每一种干扰性的影响都可以通过自身激发起代偿性的活动去抵消或者修复这种障碍。越是高等的动物，这种调节装置的种类越多、越完善，也越复杂。它们可以使机体完全不受环境中所发生的种种不利影响和变化的影响”。1900 年法国生理学家查理·来西特(Charles Riehet)强调了这一明显的事实。他写道：“生命体是稳定的”，“生命体必须处于这样一种状态：不为其周围的、常常是有害的强大力量所毁坏、溶解或分解。在这种明显矛盾的情况下，只有机体能对外界刺激发生兴奋并具有改变自己的能力从而调节它对刺激的反应时，才能保持它的稳定。在某种意义上说，它之所以稳定，正是因为它是可变的——轻微的不稳定，是使机体保持真正稳定的必要条件”。

这里是一个惊人的奇迹。由非常不恒定和不稳定的物质组成的有机体，不知道怎么样竟然学会了在我们有理由认为可能导致严重干扰的种种条件下保持恒定和稳定的方法。人们处于115°—128℃(239°—257℉)的干热环境中仍能保持正常的体温。反之，北极的哺乳动物处在零下 35℃(零下 31℉)的环境中，其体温并无显著的下降。再说，在空气极为干燥的地区的居民在保持他们的体液上并无多大困难。攀登高山探险和在高空飞行的人们，其周围环境的氧分压虽然明显降低，但并不显示出严重的需氧的表现。

对外界环境种种变化的对抗作用并非这些适应性稳定装置存在的唯一证据。机体还能抵御来自体内的干扰。譬如，持续二十分钟之久的强烈的肌肉运动所产生出来的热量是如此之大，倘使不是及时地发散掉的话，其热量足以把身体内的一些含蛋白的物质凝固起来，就像一个煮熟的鸡蛋一样。还有，当连续地作强烈的肌肉活动时，在运动的肌肉内产生大量的乳酸(酸牛奶的酸)，如果没有另外一些装置来防止这种祸患的话，那么，其数量之大足以在瞬间把血液中的碱全部中和掉。简言之，结构完备的生命体——例如哺乳类动物——既能对付外界的有危害的条件，又能抵御来自体内的可能发生同样的危害的情况，从而继续活下去，并在相对微小的干扰下执行着它们的功能。

III

上面已经提到，不知道怎么样地，构成人体的不稳定的物质已经学会了保持稳定的手段。我们将会明白，使用"学会"(learned)这个词不是不能许可的。不管外界环境怎样剧烈地变化，最高等的动物具有十分完备的保持稳定状态的作用，但这种特殊的能力不是天赋的，而是逐渐进化的结果。从地球上出现动物的时候算起，大概曾经试用过许多方法来和外界种种力量作对抗。面临着强烈干扰和破坏这种稳定状态的作用下，为了保持稳定，生命体已经获得了试用不同装置的大量的和各种各样的经验。当生命体的构造越来越复杂并在保持平衡方面越来越敏捷时，对于更加有效的稳定装置的需要就显得更加迫切。低等动物还没有达到像较高等动物那样的稳态控制的程度，因而它们的活动是受限制的，而且在生存竞争中处在不利的地位上。青蛙，作为两栖类动物的代表，还没有获得防止水分从机体自由蒸发掉的能力，因而也不能对它自己的体温进行有效的调节。因此，青蛙一旦离开水池，立刻就会干燥，而当冷天来到时，它必须沉入泥泞的池底，在迟钝的冻僵状态中度过严冬。爬虫类的进化程度稍高一些，它能防止水分不至于过快丧失，因而，它们不仅能在池塘和溪流的附近活动，并且也

可以在干燥的沙漠地区栖息。但是,它们和两栖类一样,都属于冷血动物,亦即它们的体温与环境的温度相近,所以,在冬季,它们必须放弃活跃的生活方式。只有像鸟类和哺乳类这些比较高等的脊椎动物才摆脱了寒冷的限制,获得了自由,从而可以在全年的任何气候条件下积极活动。

在物体内部保持恒定的状态可以叫做平衡(equilibria)。这个词应用于相对简单的物理化学状态时,意思是表示在一个闭合系统中已知诸力处于平衡。保持生命体内大多数稳定状态的协调一致的生理学过程,对于生物来说,如此之复杂,如此之专门化——包括脑、神经、心脏、肺、肾、脾等器官都要协调一致地工作着——以致促使我提出表示这些状态的专门名称:稳态(homeostasis)。这个词不是表示某种固定不变的事物,表示一种停滞状态。它表示这样一种情况——一种可变的而又保持相对恒定的情况。

看来这并不是不可能的事:较高等的动物为了保持内环境恒定和一致(就是说为了保持稳态)所采用的手段可以为建立、调节和控制恒定状态提供若干一般的原则,它们和遭到危机干扰的社会和工业机构所使用的手段有关。或许,一种比较研究将会表明:每个复杂的组织,当它遭受压力作用时,为了防止其功能遭受抑制或其结构迅速瓦解,都必须有它的或多或少是有效的自我调整装置。而且,在较为复杂的生命体中,研究其自我调节手段又可以为改进和完善仍然是低效的和不能令人满意的方法提供启示。目前,这些意见必定是含糊的并且是不确定的。提出这些意见是为了使从事研究的读者对我们躯体确立稳定方式继续作出具体的和细致的解释时,不妨知道一下躯体所提供的种种例证具有可能有用的性质。

IV

在以后各章中,我打算首先谈一谈什么是稳态的基本条件,然后再讨论当正常状态受到干扰时,使之恢复正常状态的各种不同的生理装置。在探讨这些装置的过程中,我们将会逐渐地熟悉调节和控制许多过程和我们正常活动所需要的物质供应的一般性装置。我们将会知道,神经系统可以划分为两个主要部分,一个部分是对外界环境发生反应,另一部分是对机体内部发生作用,协助保持生命体内部的恒定和稳定状态。我将尽量采用使具备简单的生物学和一般科学知识的每一个人都能懂得的字眼来描述这些生理作用和生理过程。

参 考 文 献

Bayliss, *Principles of General Physiology*. London, 1915.

Fredericq. *Arch. de Zoöl. Exper. et Gén.*, 1885, iii, p. xxxv.

Pflüger. *Pflüger's Arch.*, 1877, xv, 57.

Richet. *Dictionnaire de Physiologie*, Paris, iv, 72.

第一章　机体的液床

I

我们通常把自己称为居住在空气里的动物。然而，对于外界的微小的反应揭示了一个有趣的事实：我们与周围空气隔着一层死的或惰性的物质。皮肤的表面覆以干燥的角化层（当然它时常被汗水所湿润），而眼睛的表面、鼻腔和口腔的表面则浸浴在盐水之中。我们的一切都是活着的，而组成我们肌肉、腺体、脑、神经以及其他部分的、数以万计的、微小的、有生命的物质或细胞则都是被包裹在无生命物质所构成的外衣之中。除了细胞互相邻接的侧面外，细胞则与液体相接触。所以说，机体的有生命成分是水居的，或者可以说这些成分是生活在含有盐类并被蛋白样或胶样物质变稠了的水溶液之中。为了了解这种水环境或者液床的意义，我们必须调查一下它执行着什么职能以及如何来完成其职能的。对于那些附生在河床的岩石上的简单生物来说，流水为它们带来生存所必需的养料和氧气，并把废物带走。这些单细胞生物只能在水环境中生存，假使溪水干涸，它们就会死亡或者进入休眠状态。组成我们的躯体的无数的细胞也需要同样的条件。每一个细胞的需要是和溪流中的单细胞的需要相同。然而，我们的身体的细胞既不能直接地从广阔的周围环境摄取食物、水和氧气，也不可

能直接把由于活动而产生的废物排泄到周围环境中去。机体本身流动的血液流和淋巴流的发展为获得养料和排出废物创造了便利的条件。它们协同工作，从而把养料、水、氧气从身体的潮湿的表面运走，再把这些必需的物质送到即使是位于机体最边远角落的细胞。血液和淋巴再把细胞活动产生的、必须排出的废料从这些细胞依次带回到肺内和肾内的湿润的表面上。

血液和淋巴之间的流动就像水在溪流中流动一样，它和流经沼泽的较为滞缓的水相似。血液在血管内是沿着固定的行程流动的；淋巴或组织液则充满在机体结构中的除血管外的所有间隙，这些淋巴在汇入它自身的管道之前，其流动是缓慢的。现在我们将研究一下这些液体的性质以及种种通道，后者是指由于液体的流动而对邻接细胞的内环境有利的并使它始终保持新鲜和恒定的通道。

II

血液约占我们的体重6%，它是一种值得注意的液体。它含有许多红细胞（每1立方毫米男子血液中正常含红细胞500万）和许多微小的能动的白细胞，所有这些血球都悬浮在一种含有盐类、醣以及白朊物质的黏稠的水溶液——血浆之中。红细胞在身体中起着维持生命所必需的作用，这是因为它们在肺内能够非常迅速地几乎满载上氧气，而且又能在机体的其他部分几乎把氧气全部卸下交给正需要氧气的那些部位的细胞。红细胞还能够把机体活动的一种代谢产物即二氧化碳从这些细胞带回肺中，二氧化碳是在供给热量的氧化过程中产生的，氧化作用在机体活动中主要是提供机械功。能运动的白细胞，则好比清道夫和卫士，它们能清除侵入体内的异物和细菌，如果听任异物和细菌在体内聚集的话，就会使血液遭受污染。

血浆占血液总量的一半以上，它是小肠内消化过程最终所提供的各种营养物质的运输者。这些物质，就像氧气一样，可以被运送到机体的各个部分，使每个细胞，即使是在最僻远处的细胞都将得到其基本的供应，或者，如果暂时不需要这些物质，它们将被送到机体内的专门器官储存起来，以供备用。血浆的另一个功能是能把废料从各处的细胞运走，这些物质是躯体这个机器工作时产生的，除了二氧化碳外，都被运到肾脏，通过肾脏再排出体外。

血浆还具有一种值得注意的性能，当它与损伤部位接触时，就会从液态变成胶状——凝块，即发生凝结。譬如，当血管受到损伤或者被割破时，就会发生通过裂口而失血的危险。血浆的凝胶化或者凝结形成一个塞子，它将相当迅速地封住裂口以防止可能发生的严重出血。

淋巴与血液的区别主要在于淋巴内无红细胞，白蛋白含量少。淋巴中有白细胞、糖和盐类。此外，它也有凝结能力，尽管由淋巴形成的凝块远不如正常血液的凝块坚固。

由于淋巴或组织液①分布在血管和组织的细胞之间，因此，细胞和流动的血液之间的物质交换必须经过淋巴。所以说它是这种交换的直接的媒介物。

① 淋巴是位于淋巴管道内的液体，组织液是循环系统管道外的细胞外液体。坎农在本书中对这两个概念未作严格区别。——译者

每一个人都有机会在轻微的皮肤损伤中观察血液与淋巴的区别。突然的撞击或挤压可以只损及皮肤的表层，此时会出现一个“水泡”，其中充满了淋巴。如果皮肤的深层受到损伤，血管破裂了，流出的血液就会造成一个“血泡”。

III

由于血液和淋巴的量是有限的，所以，要使它们在位置固定的、彼此分隔开来的细胞与躯体的传递面之间不间断地充当传递者，其唯一的办法就必须是用了再用。因而它们就必须循环不息(见图1)。血液借心脏的收缩或“搏动”被压入血管，心脏本质上是一个强有力的具有空腔的肌肉，它有两个主要的心室，左心室和右心室，每一个心室有其坚韧的、膜性的进口活瓣和出口活瓣。心肌的安排是这样的：在每一次收缩之后和在再次搏动之前，要求有一个短暂的休息。虽然心脏以每分钟60次或者更快一些的频率持续搏动，而且每次搏动都把装满的血液推向前去，它可以不停地工作70年甚至更多年而从不疲惫。在每一次收缩之后的休息期间，来自身体各处的血液经过进口活瓣进入右室，而来自肺部的血液则进入左室。当心室肌再次收缩并压挤心室内的血液时，上述瓣膜关闭，以防血液倒流。心室对容纳物的压力不断增加，终于把出口瓣膜冲开，于是血液通过这些瓣膜进入血管的起始部——从右心室出来的血液进入分布到肺部去的血管，从左心室压出的血液则进入机体的大血管主干。接着心脏开始舒张，而当心室内压力低于大血管起始部的压力时，出口瓣膜封闭。于是，心室被腾空了并且为再充灌已经集中在入口瓣膜处的血液作好了准备。

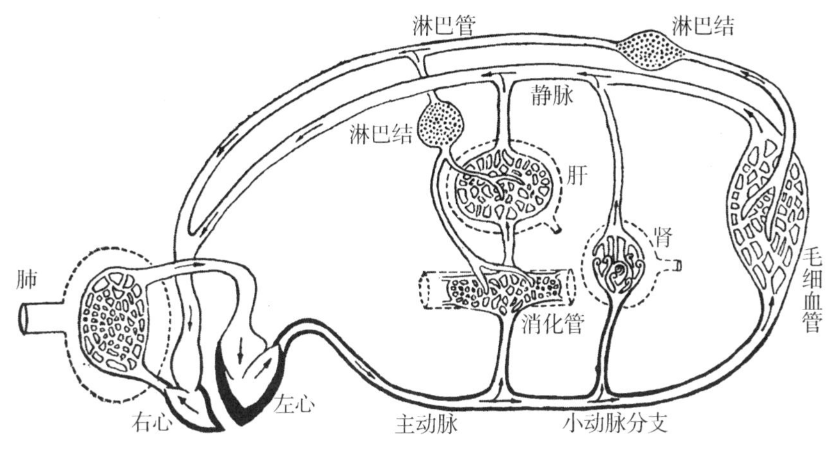

图 1:循环系统和淋巴系统示意图

左心室将血液送入动脉,动脉把血液分送到毛细血管。静脉血液由毛细血管内的血液汇集而来,通过静脉回到右心室。从此,血液又被送到肺,然后再回到左心室。透过毛细血管渗出的液体即组织液(淋巴),它们由淋巴管收集起来,汇人心脏附近的静脉。(根据巴顿 Paton 原图改制)。

从心脏发出的血管就像一株茁壮成长的树木上的茂密的分支。主动脉就是中央的主干。从此再发出许多较小的支干分布于两臂、两腿、头部以及腹部的诸如胃、小肠、肝、脾以及肾脏等器官。这些分支在上述的每一个部分又一而再、再而三地分出它们各自的分支,越分越细,从而使机体的每一部分都获得血液的供应。离心的血管叫做动脉,人们有时把这种错综复杂的分支系统称为“动脉树”。动脉的弹性层比较厚,因为在弹性层外面还包绕着一个肌层,所以动脉的容量是可变的。当心脏把血液挤进动脉树时,便出现一种扩散波,它沿着已经存在于该树状系统中的血液流前进,该波在表浅分支部位,诸如在拇指基底的腕部,在耳前的颞部,在足内侧的内踝等处都能感觉到,叫做脉搏。

我们必须始终记住，循环的血液的用处就在于它是为机体中距离物质供应来源和排出废物的排泄面甚远的细胞而服务的。显然，这个职能必须依靠穿透含有血液的血管壁才能完成。动脉管壁太厚，不允许交换物质通过。物质交换过程是通过“毛细血管”壁来进行的。毛细血管很细，管壁极薄，可以允许气体如氧、二氧化碳以及溶解在水中的糖、盐迅速透过。毛细血管的直径约为1/4000英寸，它们组成细密的毛细血管网，分布在全身各处的细胞层和细胞团之间。用针刺破任何一点几乎都会流血。动脉树的最小分支——小动脉把血液送入毛细血管网；血液又从这里汇入另一种血管树，即静脉树的最小分支。血液从小静脉（与小动脉相当）汇入较粗以及更粗的静脉，这些静脉的管壁较厚，较坚韧，最后汇入主干、下腔静脉和上腔静脉、它们将来自身体各个部分的血液送入右心室中。

身体的有些部分，特别是腹部，静脉再次分成毛细血管，而这些毛细血管又再次汇入静脉。来自腹部的消化管、胰、脾的血液汇入“门静脉”并进入肝脏；血液在这里进入肝毛细血管，只有经过这些毛细血管之后，血液才来到真正的肝静脉，而后直通心脏（见图 1）。

另一组动脉和静脉系统把肺毛细血管与心脏联系起来（见图 1）。肺内循环装置的基本特点，正如其他部位一样，血流必须经过毛细血管。指出这一点是重要的。只有在毛细血管部位才能进行必需的物质交换。除了毛细血管，循环系统的所有其他部分的存在都是为了在细胞需要血液的部位维持一定的血流量。

IV

血浆的一部分经毛细血管壁滤出即构成淋巴。机体的某些部位，例如肝，其毛细血管的“通透性”如此之好，以致滤过作用可以不断地进行。而在机体的另外一些部位，例如四肢，只是当该器官进行活动时，才发生滤过作用。在这种情况下，淋巴产生的速度比排出的速度要快得多，于是，肢体明显地变粗了。

淋巴回流到血液中经过两条完全不同的途径。当器官停止活动，毛细血管内的过滤压下降时，淋巴中的一部分水分可以透过毛细血管壁回到血中；或者，从总体上说，淋巴可以汇入一个既定的管壁极薄的管道系统——淋巴管中去，淋巴管再把淋巴引入心脏附近的一条大静脉，在这里，淋巴好比一股支流被输入到血液中去（见图1）。较大的淋巴管和静脉一样具有许多瓣膜——这种瓣膜附着在淋巴管的侧壁上，呈杯状囊袋——它们能防止来自心脏方面的回流。因而，任何一次即使是轻微的压力作用于淋巴管，也能将其内容物推向出口的地方。在淋巴管的行程中，淋巴管被许多淋巴结或“淋巴腺”所隔断。这些结节的作用犹如筛子，能留住细小的、像细菌那样能侵入组织间隙之中的颗粒，防止它们向身体的其他部分扩散。用这种方法来保护机体，淋巴结本身会肿大，以手触之，它们就像一些肿胀的脆性的团块。

V

血液必须经过许多细小的具有分支的小动脉才能到达毛细血管。这些小动脉有明显的摩擦阻力。当心脏搏动并把心室内的血液排出时，肌性的心壁必须产生一种压力。这种压力不仅要使血液超过这种阻力，而且要推动血液通过毛细血管网和静脉。在心脏每次排出新血液时，具有弹性的动脉为了适应额外的血液而发生扩张。在出口瓣膜关闭之后(见图 1)，心肌休息并再次被血液充盈。扩张了的动脉壁以其弹性回缩推动血液继续前进。测量结果表明，动脉内的血液是在相当高的压力下流动的。对一个年青的成人来说，心排出量达到最高点时，其压力为 120 毫米汞柱(约为 5 英尺水柱)。这个压力称为收缩期血压。而刚刚在第二次排出前其血压为 80 毫米汞柱，称为舒张期血压。在毛细血管中，压力下降到 25 毫米汞柱左右(约 12 英寸水柱)。血液在行经静脉的过程中，压力继续降低，等到血液进入右心室时，压力降到最低点。

显然，在同一段时间内，必须有同等数量的血液流经心、肺、动脉、毛细管以及静脉，不然的话，这种循环就不能继续下去。因为毛细血管的总横断面积远远大于主动脉和进入心脏的大静脉的横断面积，所以，血液在毛细血管内的流速比大动脉干和大静脉干内的流速要慢得多。在毛细血管内的这种缓慢的血流为在血和组织细胞之间进行重要的物质交换提供了时间。

我们马上就会知道，就欠缺养分的细胞的活动程度而言，血液循环对于这些细胞的供应是有明显差异的。这种调节主要是通过心脏和血管的神经来控制。迷走神经通过持续抑制或张力抑制使心率保持规律，所以，当迷走神经作用过强时(见图 17)，心跳较为缓慢。在交感神经的作用下可以使心跳加快，而且，有趣的是，当迷走神经张力减弱时也可导致心跳加快。血管，特别是小动脉，同样受交感神经以及其他神经的调节，它们能使血管壁平滑肌收缩或松弛，因而在节制某一部位的血流量的同时，把大部分血液输送到急需的部位去。事实上，为了适应特定的情况，血液能够大量地从身体的某一部位转移到另一部位。

我们将会见到许多例子，它们都说明交感神经系统就是以这种方式来改变和调整机体的状况的，从而保持了机体的恒定和稳定。看来，我们还是在本书后一阶段（第十五章）再来研究交感神经系统的总的结构情况较为妥当，因为到那时就可以从总体上来观察交感神经系统的作用。如果读者对这个系统的主要特性还不太了解，或者在阅读本书任一部分而发现有关材料不够清楚时，请阅读第十五章。

VI

在早期著作中，为了说明机体稳定性而引用的种种事实，向人们提出了当机体的内外环境遭到干扰时该机体以何种方式保持其稳定性的问题。法国大生理学家贝纳德（Claude Bernard）首先主张，在确立和保持机体稳定状态的一个最为重要的因素就是内环境，这也就是我们所说的液床。早在1859—1860年贝纳德在他的论文中指出：对于复杂的生物来说，存在两种环境——一个是与无生物一样的环境，大体上说就是机体周围的环境，另一个是内环境，在这个内环境中，机体的有生命成分找到了它们的适宜的场所。他最初认为，血浆是唯一的内环境（milieu interne）。后来，他指出：血浆和淋巴二者共同组成了内环境。最后，在他的关于生命现象的论文中，他认为这种内环境指的就是机体的循环液体的总体。

贝纳德认为，血液和组织间隙的淋巴为机体的有生命的细胞提供了适宜的和有利的环境，这是我们对生理学有所理解的一个重大的贡献。他早就指出：内环境不仅是为处在离外界的接触面很远的深部组织中的细胞转运营养物质的工具，而且也是从这些细胞运走需要排泄的废物的工具。内环境也受到使它保持明显的恒定的装置的控制。他清楚地看出，只有在保持住稳态的情况下，有机体才能从外界的变化中取得自由。他写道："内环境的稳定性乃是自由和独立生命的条件。""一切生命机制不管它们怎样变化，只有一个目的，即在内环境中保持生活条件的稳定"。依照海登(J. S. Haldane)的看法，"这是由一个生理学家提出的，意义深长的格言"。

贝纳德特别强调了有机体从外界环境所设置的限制中取得自由的重要性。他把水、氧、恒温以及养料供给（包括盐、脂类和糖）等列为必须是保持恒定的项目。很可能我们还没有掌握列出一个稳定因素的完整的清单所必需的全部知识，而现在已知的稳定因素的某种分类又很可能被一些交叉关系所搞乱。我们确实知道一些因素。然而，为了讨论它们的重要性和它们的控制原理，关于这些因素的严格的分类不是必需的。显然，有一些物质，它们是肌肉运动，腺体分泌以及其他活动时所需能量的来源，这些物质还参与机体的生长和修复——这些物质是葡萄糖、蛋白质（肉类中的含氮物质，鸡蛋蛋白等）以及脂肪。还有氧气、水、无机盐，最后还有激素，如来自甲状腺和脑垂体的激素具有全身的和持久的效能。此外，还有能够深刻影响细胞活动的一些内环境条件，如溶质的浓度、温度以及液床中的酸、碱相对含量等。

在较高等的有机体的活细胞的内环境中，上面提到的各种项目都保持一种相对恒定的状态。诚然，这种状态是有变动的。但在正常情况下，其变动范围是有限度的。一旦超越这个限度，就会产生严重的后果。在这方面我们将有许多机会去进行观察。通常，在平均值附近的变动不至于达到损害细胞功能或者威胁机体生存的危险程度。在这种变化到达极限之前，许多作用就自动地生效，把扰乱了的状态引向平均值方向。

在以后的章节中，我们将考虑这些自我调节装置对于保持液床稳态的方式。在进行说明之前，我打算提出某些因子的作用，这些作用保证了细胞生命的本质条件，那就是液床的自我调节以及它的实际用处。

参考文献

Bernard. *Les Phénomènes de la Vie*, Paris, 1878.

Haldane. *Respiration*, New Haven, 1922.

第二章　有效液床的维护

I

考虑维护液床所使用的手段并在关键时刻尽其可能地使之有用，我打算首先把注意力集中在血液这个问题上，其次再来讲淋巴。为了使血液始终作为一种循环的媒介物，保持其运输养料和废料的各种功能，并为有生命的成分提供适宜的环境，因此，每当发生出血的危险时，必须有止血的设备。对于易出血者(Bleeder)来说，由于这种人的血液不会凝固，或者凝固缓慢，因而即使是像拔牙那样的小手术，就会引起严重的出血，这是一个明显的例证。对于机体来说，在伤口上形成凝血块并将伤口封住虽然具有十分重要的价值，但我不拟在此叙述导致血液凝固的种种复杂的变化过程。我也不准备强调受损伤的血管具有局部的收缩作用，虽然这种作用能减少严重出血的可能性，使封口上的血液凝块比较易于固定起来。这些众所周知的局部条件并没有包括我们所要涉及的更为重要的生理反应。在出血时发生的调节方面，与稳态(体内平衡)过程相关而有兴趣的问题是在出血过程中血液凝固速度的增加。

人们早就察觉到，当机体大量失血时出现凝血块形成加速的现象。在18世纪后期，海生(Hewson)注意到，动物从出血直到死亡，其最后流出的血液的凝固速度要比最先流出的血液快得多；一个世纪以后，康海姆(Cohnheim)报告，用连续分段放血的方法把动物杀死，其最后抽出的血液几乎立刻凝固。根据哈瓦德(Harvard)生理实验室格莱(Gray)和龙特(Lunt)的观察，进一步证实了这种情况，并作了详细的描述。如图2所示，在典型的实验中，用一种自动装置[①]来测定出血前的凝血时间，平均约为7分

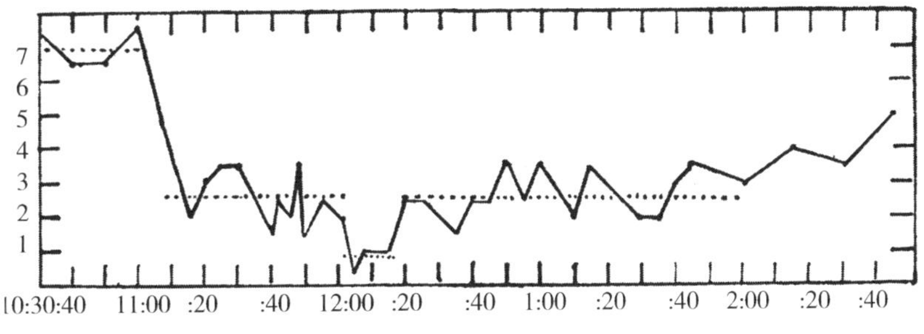

图2：出血后凝血时间缩短情况的记录

第一次出血在10：59，失血13%。

第二次出血在11：59，失血10%。

图2、图3中的虚线表示在该虚线所包含的一段时间内，凝血时间的平均值。

钟。然后，把占估计血液总体积的13%抽出来(当然，动物处于麻醉状态)。此时，其凝血时间缩短到2—1½分钟。再抽出10%的血液，其凝血时间缩短到1分钟。以后，直到开始逐渐恢复到起初的凝血时间以前的很长一段时间内其凝血时间一直保持在2—1½分钟。

① 这种方法记载在“Bodily Changes in Pain，Hunger，Fear and Rage”(《疼痛、饥饿、恐惧和激怒时机体的变化》)1929，第135页。

图 3:记录表明,如果把血循环限制在横膈的前部,则出血之后不出现凝血加快的现象。从 10:40 到 10:53 在横膈以上部分对主动脉和下腔静脉进行结扎手术。11:58 抽出 5%的血液。12:58 再次抽出 5%的血液。每一次抽血都引起呼吸困难。

进一步的观察表明,如把血液循环限制在动物的前半身,则并不因为出血而出现凝血加快的现象。在图 3 中,长线表示在胸腔下部结扎主动脉和下腔动脉所花费的时间。紧接着放出估计血液总量的 5%的血液,凝血并不加快——实际上,凝血时间稍有延长。这个结果与比利时生理学家诺尔夫(Nolf)把肝脏和血液循环隔绝后的凝血时间并不加快的情况相符。

日本、中国、比利时、英国以及美国的许多学者都曾发现当注射小剂量的肾上腺素(位于肾脏上方的肾上腺的髓质产生的一种活性物质)时,凝血时间明显缩短。1914 年孟德哈尔(Mendenhall)和我用刺激交感神经系统的内脏神经的方法使肾上腺将肾

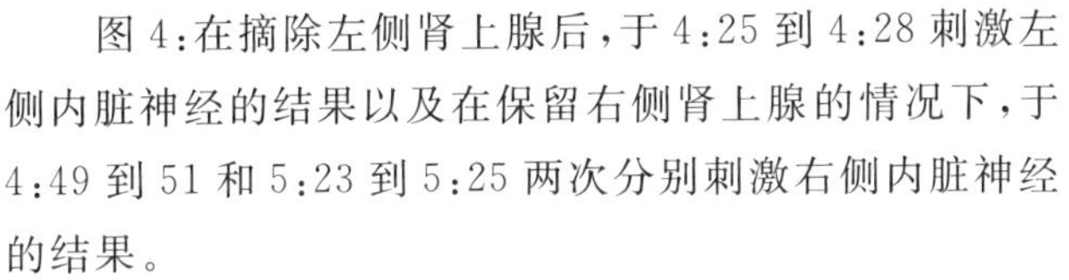

图 4：在摘除左侧肾上腺后，于 4:25 到 4:28 刺激左侧内脏神经的结果以及在保留右侧肾上腺的情况下，于 4:49 到 51 和 5:23 到 5:25 两次分别刺激右侧内脏神经的结果。

上腺素（adrenin）[①]分泌到血流中去（见图 35），则出现凝血加速的现象。图 4 表明，反复刺激内脏神经，血液就凝固得更快一些。假使事先将一侧的肾上腺摘除，再刺激同侧的内脏神经，则不再出现凝血加快的现象。此外，如果循环血液不进入腹部，即使注射肾上腺素，也不会发生加速凝血的效应。所以，看来促进凝血过程的生理学方法不仅需要使肾上腺素分泌到血液中去，并且还要求肾上腺素作用于某一个腹部脏器，可能就是肝脏。

① "Adrenin"是肾上腺髓质的天然分泌物；"Adrenalin"则是肾上腺抽出液的商品名称。

当发生出血以及动脉压下降时，交感神经系统就发生作用。托纳（Tournade）和查波罗（Chabrol）曾经证实，在这些情况下，肾上腺髓质受到刺激，从而分泌肾上腺素。换句话说，由于出血所带来的许多条件正是那些在十分自然的情况下最有效地引起较快的实际上是接着发生的凝血条件。根据克雷和龙特的实验，即使在摘除肾上腺之后，在出血时仍然会出现凝血加快的现象，而这种现象可能是由于对肝细胞供血不足的直接作用所引起的，因为事实证明肝细胞对缺氧是十分敏感的。虽然肾上腺摘去，出血仍能引起凝血过程加速，但并不能因为这一事实而贬低交感-肾上腺系统在正常条件下对凝血过程的重要作用。在机体种种过程的结构中，我们将会遇见许多代偿性装置的例子。按照事件的通常进程，出血对交感-肾上腺系统的刺激就会自动地促进外流血液的凝固。这也就是说，出血本身就会更加有效地使血液自动凝固——一种天然的保护作用——出血愈多，凝血就愈快。机体要保护其重要的成分之一即流动着的血液的丢失，因为机体各部分的活细胞都依靠它来继续维持其生存。

II

但是，只要细胞继续维持其生命，血液就不仅必须防止流失，而且必须有足够的流速，才能把获取到外界的全部供应物质中最为急需的和不可中断的供应物质即氧气传送到机体的各个部分。当细胞得氧不足时，由于细胞活动（如肌纤维的收缩）而直接产生的某种非挥发性酸类（如乳酸）就不能氧化成为挥发性的碳酸。碳酸可以经由血液运到肺部，而后呼出。假使乳酸在细胞中积聚起来，那它就会立即扩散到细胞周围的液体中去。在血液中，乳酸能与碳酸氢钠这种碱相结合，变成乳酸钠和碳酸，后者再以通常的方式排出。有关这种变化的详细情况，我们以后还要论及(见第十一章)。现在，我只想提出一点：由于碳酸氢钠(血液中的碱储)变成了乳酸钠，碱储减少，而碱储的减少常能表明供应组织的氧气不足，以致不能把组织中不断产生的非挥发性酸类充分氧化。

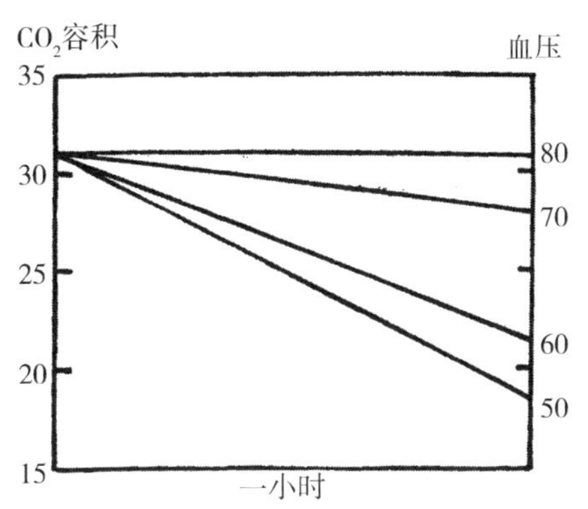

图 5：当血压下降到 80 毫米汞柱以下时，碱储(以血浆内 CO_2 容积来推算)大量下降，例如，血压经一小时后下降到 60 毫米汞柱，而 CO_2 的容积则从 31%下降到 18.5%。

第一次世界大战期间，卡特尔(McKeen Cattell)和我在迪庄(Dijon)完成的实验证明：动脉压下降时有一个临界线，它表示给定时间内循环血量不足。血浆中的 CO_2 有标准浓度，而碱储可以用血浆中 CO_2 的含量来判定。如图 5 所示，动脉压从 120 毫米汞柱左右降到 80 毫米汞柱，维持一个小时，对碱储没有影响。如果动脉压减少到 70，60，或者 50 毫米汞柱，经过一个小时，就会使血浆中碳酸氢钠明显减少。根据上面描出的纪录，动脉压下降的临界线接近 80 毫米汞柱。如果血压低于临界水平，它就不能维持住一个容量流(volume-flow)，对于必须连续地工作的器官来说，只有这种容量流才足以保证器官正常的氧化过程。

男性伤员的病案记录与刚才描述的实验结果是一样的。图 6

中记录了弗拉塞(Fraser)、霍泼(Hooper)和我 1917 年在贝顿纳(Béthune)对 43 名这种伤员的观察结果。这些结果是以收缩期动脉压为基础的。如图所示，对男性来说，即使其收缩期血压低于 80 毫米汞柱，而其碱储低于正常者为数不多(其 CO_2 容积约为 50%)。此外，它和在迪庄所完成的实验相符，血压在临界线以下者如果距离该线愈远，则其碱储的减少也愈多。

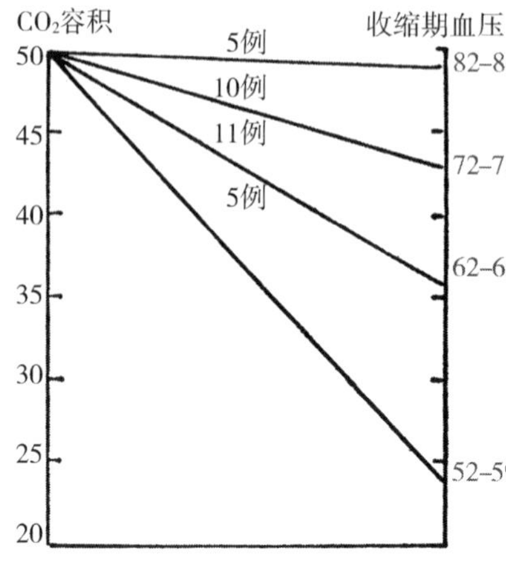

图 6:31 例创伤性出血并有休克的男性伤员血浆内 CO_2 容积与收缩期血压的关系。

低于临界水平的血压实际上不能供应足够的血液以满足工作着的器官的需要，这个观点是根据各种观察确定下来的。马克瓦特(Markwalder)和施塔林(Starling)发现，假使血压在一定的时间内低于 80—90 毫米汞柱，则从躯体分离出来的心脏的收缩力立即减弱。英国、美国的许多学者曾经指出，长时间的低血压会在小动脉中导致调节肌肉的那部分交感神经系统(血管运动神经)的损伤，也会使保持反射效应的能力全部丧失。图 7 是 1918 年在迪庄所完成的实验的原始记录。借助于在心脏附近调节好的血压，我们可以(在麻醉动物身上)把血压控制在任何一个水平。先把血压维持在 60 毫米汞柱一个小时，然后解除控制，则动脉血压迅速地回升到接近原来的水平。但是，当血压始终被控制在较低的状况并不断持续下去时，血管运动

系统就丧失了它的恢复力。在第 3 小时末，它就不可能有任何恢复能力了。考虑到神经细胞对于即使是局部的贫血也具有特殊的敏感性时，我们就会懂得，血容量流的减少是多么容易导致损伤性的后果。

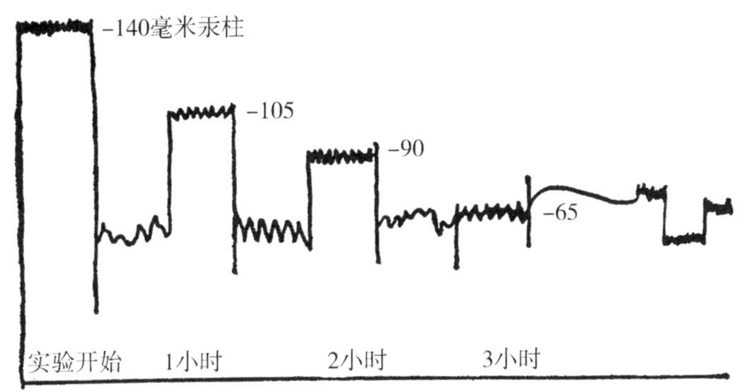

图 7：血压回升能力逐渐丧失的情况。方法是把血压控制在 60 毫米汞柱水平，持续一小时，然后解除血压控制 5 分钟。

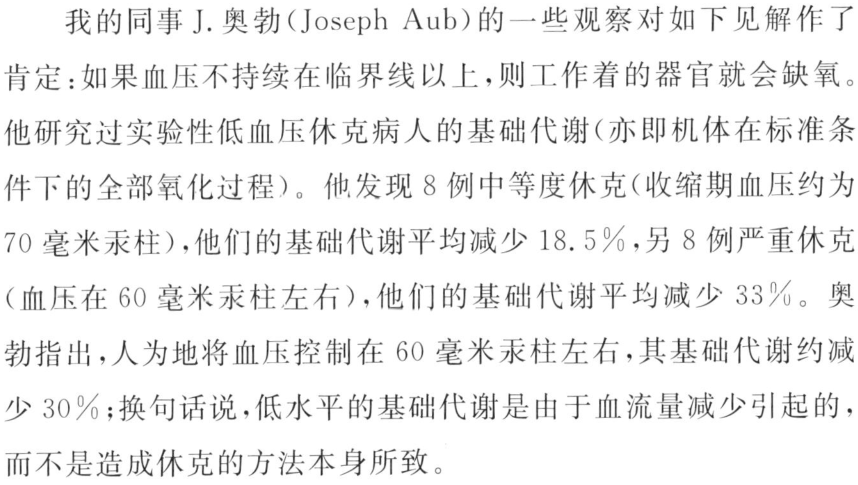

我的同事 J. 奥勃(Joseph Aub)的一些观察对如下见解作了肯定：如果血压不持续在临界线以上，则工作着的器官就会缺氧。他研究过实验性低血压休克病人的基础代谢(亦即机体在标准条件下的全部氧化过程)。他发现 8 例中等度休克(收缩期血压约为 70 毫米汞柱)，他们的基础代谢平均减少 18.5%，另 8 例严重休克(血压在 60 毫米汞柱左右)，他们的基础代谢平均减少 33%。奥勃指出，人为地将血压控制在 60 毫米汞柱左右，其基础代谢约减少 30%；换句话说，低水平的基础代谢是由于血流量减少引起的，而不是造成休克的方法本身所致。

III

循环血液所执行的最为重要的作用就是作为公共运输者的作用,它输送足够的氧气以供应身体的最低限度的需要。为了强调那些为了机体不发生循环衰竭以及因此而产生的不良后果所设置的装置,我在前几章中列举了一些循环衰竭的详细例子。

发生出血时,首先是交感神经系统发生作用。1914 年皮耳策(Pilcher)和索尔曼(Sollmann)在观察用来作专门试验的一个器官的血管对出血发生反应而发生收缩时——这种收缩是通过血管运动神经引起的——就指出了交感神经系统的作用。以后,贝利斯(Bayliss)和拜因勃里吉(Bainbridge)二人肯定了这个证据。在休克发展的过程中,当血压下降时也发生同样的现象。图 8 描记了我的一位同事卡特尔完成的 6 个实验的平均值。为了检验血管的收缩情况,他记录了灌注时间(perfusion time),即在标准的压力下,标准数量的生理盐水(0.9%NaCI 溶液)通过腿部的小动脉所需的时间。如果血管处于收缩状态,对灌注液通过的阻力就增大,灌注时间就延长。图 8 表明,由于血压下降,灌注时间确实是逐渐延长。在血压开始下降后第 3 个小时末,灌注时间的增加已超过60%。在这段期间,血压的降低是由于脑内血管运动中枢的作用,该作用导致四周小动脉收缩。

图 9 表明四周血管收缩的结果。这是第一次世界大战期间在迪庄所做的两个实验的记录。在 2 点 30 分把一只动物的估计血量的 20%抽出。如纪录所示,动脉血压迅速下降。然而,在 15 分钟内,血压就恢复到原来的水平。随后,又抽出 10%的血液。

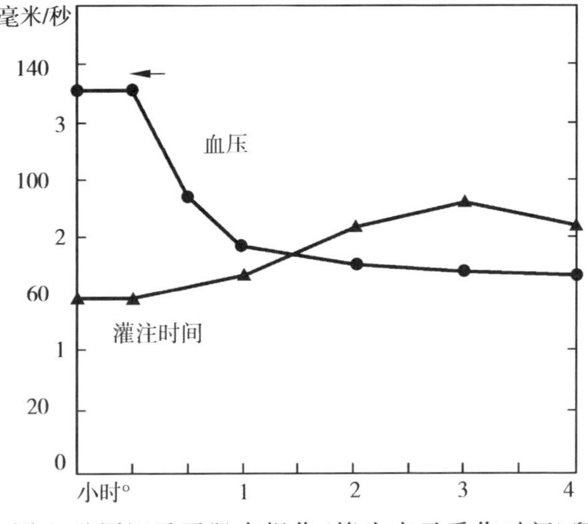

图 8:此图记录了肌肉损伤(箭头表示受伤时间)所引起的休克。它是 6 个实验平均得到的灌注速率与血压的关系。当血压下降时,灌注速率变慢,这表明小动脉张力有所增加。

经过 6 分钟左右血压又回升到原来高度。对血液的检验证明,这种恢复并非由于组织间隙的淋巴的汇入使得血容量增加的结果——血色素(血红蛋白)并没有被稀释。因为出血和血压的连续下降伴发周围血管环行肌的收缩,所以图 9 所示的血压回升一定是,或者主要是由于血管系统体积减少到一定程度从而使之能与减少了的血容量相适应的缘故。这种解释是与继续出血所引起的反应相符;当再抽出 10%的血液时,(在 2 点 59 分,见图 9)就超过了在低血容量情况下调节血管系统体积的能力的限度,从而血压不再回升。

出血后还可以看到交感神经系统作用的另一个效应,即脾脏的收缩。英国生理学家巴克洛夫特(Barcroft)和他的同事的研究揭示,脾脏是一个血库,在脾内的红细胞处于密集状态。当发生严

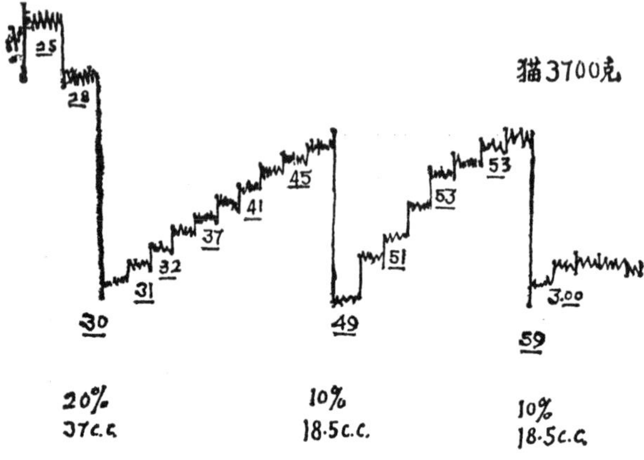

图 9:记录表明出血后血压迅速恢复的情况。这种血压的回升是由于血管的收缩使其容积与血管内容物相适应。在放掉 30% 的血液之后,再次抽出 10% 的血液,即到达了调节能力的极限

(摘自坎农《外伤性休克》)

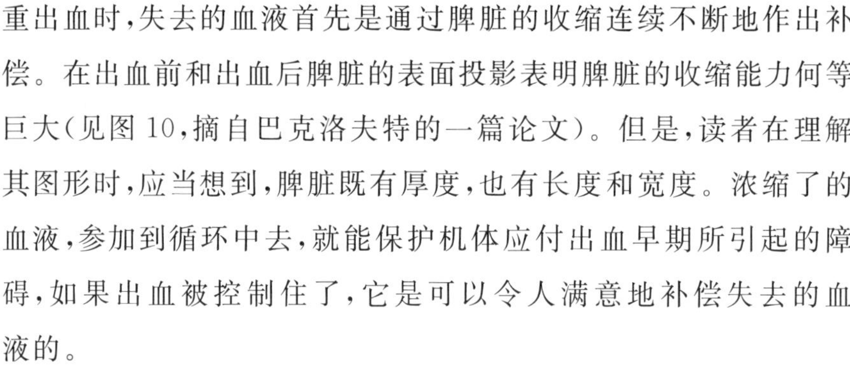

重出血时,失去的血液首先是通过脾脏的收缩连续不断地作出补偿。在出血前和出血后脾脏的表面投影表明脾脏的收缩能力何等巨大(见图 10,摘自巴克洛夫特的一篇论文)。但是,读者在理解其图形时,应当想到,脾脏既有厚度,也有长度和宽度。浓缩了的血液,参加到循环中去,就能保护机体应付出血早期所引起的障碍,如果出血被控制住了,它是可以令人满意地补偿失去的血液的。

现在,当液床内的公共运输者和可迅速改变的成分——血液,从其行程中外溢,以致失去在其固有腔隙内流动的有效压力高度时,所有这些适应和调节的意义究竟何在呢? 为了了解这些变化的意义,我们必须对身体的某些结构诸如脑及其对于呼吸和吞咽的控制、心脏以及膈等机体继续生存的要素有所理解。已经证明,对于非常敏感的脑和不断地工作的心肌来说,有一股血液容量流

通过它们的血管，该容量流直接取决于全身的动脉压。假使血压降到临界线以下，正如我们已经看到的，这些器官就会遭受不可恢复的损害。如果动脉压保持在较高的水平，则在其他部位发生的控制容量流的血管收缩就不在这些器官内出现。根据罗斯（Rous）和基尔丁（Gilding）的观察，即使在大出血的情况下，周围血管的收缩——特别是皮肤、脂肪组织、骨骼肌的血管——再加上脾脏的收缩保证了对这些重要的生命器官以足够的血液供应。尽管有一些自动调节装置，但只有当这些校正装置的负担超过了适应限度以及全身的动脉压降到临界线以下时，才开始发生毁坏性的损伤。

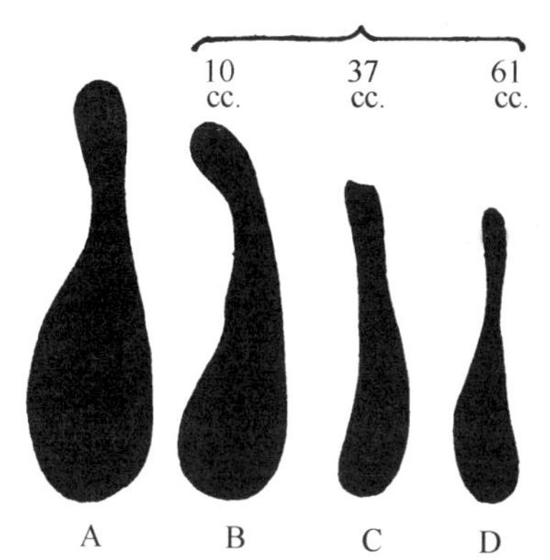

图 10：猫脾的表面投影

A. 以乌拉坦麻醉的动物，

B. 失血 10 毫升以后，

C. 失血 47 毫升之后，

D. 失血 108 毫升之后，动物死亡。

随着严重出血情况所引起的血管收缩而发生的结果是周围血管内血液容量流的减少。这种容量流的减少和由于失血而引起的凝血加快协同作用着，以防止这种最宝贵的液体大量而迅速地流失。

看来，在脑的附近即颈上部血管内的一些感觉神经末梢是机灵的哨兵，一旦出现危险的出血时，它们就激起交感神经-肾上腺系统的作用。位于气管两侧的两条大动脉（颈总动脉）在颈部形成分支即颈内动脉，它们是通达脑血管的。在颈总动脉分叉的部位呈球状膨大的部分，称为颈动脉窦，专门有神经分布于该处。1910

年法国生理学家埃东(Hédon)指出,当头部动脉内的血压下降时,身体其他部分的血管普遍收缩。这些观察与卜特(Porter)和泼拉特(Pratt)二人早先的观察相一致。他们曾观察到足部血管内的压力与颈总动脉内的压力呈相反的关系。托纳、查波罗、马羌(Marchand)、安来浦(Anrep)、施塔林等进一步予以证实。比利时生理学家海曼斯(C. Heymans)推敲了这个证据,他证实头部的低血压状况是对颈动脉窦内的神经末梢的一个"刺激"。由此而引起的反射表现为交感神经系统的活动。从而引起广泛的血管收缩、脾脏收缩以及从肾上腺髓质分泌肾上腺素。所有曾经被我们看做为适应、校正以及借维持机体液床的有效用途来保护机体利益等现象都可以解释为对于因失血而引起的低血压的自动变化的结果。

IV

虽然在出血时可以通过普遍的血管收缩作出补偿,但我们应当记住,这至多是权宜之计。诚然,脑和心脏得到血液供应是头等重要的事。但是,属于血管收缩部位的四周器官就不能获得正常的血液供应了。为了满足这种正常的血液供应,唯一有效的手段就是增加其血量,直到它能完全地补足血管系统的通常容量为止。借助于水和盐类从组织间隙中的淋巴透过毛细血管壁进入血流可以在一定范围内增加循环的血量。当失血而使毛细血管内的压力变小时,这个过程被解释为是由于滤过压(将水分压过毛细血管壁进入淋巴的压力)的减低而引起的,同时又因为血液中的水分比淋巴中的少,因而这个过程也可以被解释为是由于淋巴中的水分扩散到血液中的趋势所造成的(换言之,血浆内的胶体物质多于淋巴;所以,血液的渗透压高于淋巴的渗透压;因而水分和盐类从淋巴进入了血浆)。正如刚才指出的,由于毛细血管的压力下降,这种作用变得有效了。这样,血液——液床的迅速循环部分得到液床的缓慢流动部分——淋巴的支援,随着逐渐地吸取更多的液体到体内,血容量便得到恢复。至于红细胞正常数量的恢复,则是一个更为缓慢的过程。

从淋巴周围除去水分和盐类,或者,对这些需水部位供水不足,便会引起许多有趣的反应,渴感就是其中的现象之一。凡在一次战斗之后,受了重伤并有出血或休克的伤员,其最普遍的就是要求喝水。不幸的是,他们不能保住所饮之物。当得到水和饮水时,水的需求量大到惊人的地步。罗伯逊(Robertson)和博克(Bock)指出,为恢复减少了的血容量,从消化道进入体内的水分比从静脉或皮下注入的生理盐水有效得多。所以,在正常情况下,口渴感不仅是身体需要水分的一个准确而敏感的指示器,而且也是对机体供水的最好方式。

V

我们已经观察过这样的事实:不论在外界或者在我们自身的结构中出现严重的干扰情况时,我们生存的自由和独立性要取决于我们生命成分居住于中的液床的存在和稳定。我们已经看到:我们体内有一些备用装置,一旦遇到丢失液床的危险时,它们能够迅速地发生作用来减少这种危险。当血液从体内不断地流出时,凝血就越来越快。周围血管发生收缩,从而不仅使最容易发生出血的部位的血流量减少，同时还保证了血液继续对重要的和敏感的诸如脑和心脏等器官的供应。所有这些调节都是依靠低血压所激发的交感神经系统的活动自动进行的。伴随着机体内的这种应付事变的调节措施产生了来自组织间隙内的水和盐的供应以及渴感的功能来恢复血容量。在下一章中，我们将会知道口渴本身就像饥饿一样可以解释成为保证内环境稳态所必需的供应手段。

参考文献

Anrep and Starling. *Proc. Roy. Sot.*, 1925, xcvii, 436.

Aub. Am. Journ. Physiol., 1920, liv, 388.

Barcroft. *The Lancet*, 1925, i, 319.

Bayliss. *The Vasomotor System*. London, 1923.

Cannon and Cattell. *Arch. of Surgery*, 1922, iv, 300.

Cannon, Fraser and Hooper. *Journ. Am. Med. Ass'n.*, 1918, lxx, 607.

Cannon and Mendenhall. *Am. Journ. Physiol.*, 1914, xxxiv, 243.

Cohnheim. *Allgemeine Pathologie*, 1877; or Cohnheim's "General Pathology," London, 1889.

Gray and Lunt. *Am. Journ. Physiol.*, 1914, xxxiv, 332.

Hédon. *Arch. internat, de Physiol.*, 1910, x, 122.

Hewson. *An Experimental Inquiry into the Properties of the Blood*, London, 1772.

Heymans. *Le Sinus Carotidien*. Louvain and Paris, 1929.

Markwalder and Starling. *Journ. Physiol.*, 1913, xlvii, 279.

Nolf. *Arch. internat, de Physiol.*, 1914, xxxv, 59.

Porter and Pratt. *Am. Journ. Physiol.*, 1908, xxi, p. xvi.

Robertson and Bock. *Rep. of Shock Com.*, *British Med. Research Com.*, 1918, No. 25, 135.

Rous and Gilding. *Proc. Soc. Exper. Biol. and Med.*, 1929, xxvi, 497.

Tournade and Chabrol. *C. r. Soc. de Biol.*, 1925, xciii, 934.

Tournade, Chabrol and Marchand. *C. r. Soc. de Biol.* 1921, lxxxiv, 610.

第三章　保证供应的手段
——渴感和饥饿

I

在《疼痛、饥饿、恐惧和激怒时机体的变化》一书中，我曾经详尽地讨论了渴感和饥饿的性质。在那本书中，把这些现象强调为行动的动因，即"驱动力"。当然，弄清有机体要有水和食物这些基本物质来展示其功能，乃是一桩十分重要的事情，我们这里就这种关系对这些问题作如下的考虑。

我们都知道，水和食物是机体所必需的基本物质，这二者随时都在不断地消耗。非挥发性的废物不断地经肾脏排出。营养物质在组织内氧化而成的挥发性废物则经由每次呼吸排出来。对于废物的排泄来说，水起着运载工具的作用。水分也是从呼吸面和皮肤表面通过蒸发而不断地丢失的。

由于水和食物不断从机体丢失，所以维持其经常的供应的唯一办法就是储藏起来慢慢地释放。水储存在组织间隙以及组织的细胞之中。食物则以人们所熟知的脂肪，动物淀粉或糖元等形式有时也以蛋白质微粒的形式储存于肝细胞中。当需要时，这些储存着的物质就被释放出来以供使用。但是，储存物自身必须再度补充。口渴和饥饿的作用就是作为自动刺激来保证水和食物的储存得以维持。

II

首先让我们考虑作为保证固有水分的供应手段——渴感。渴感是口和咽喉部内面，特别是舌根、腭的后部的一种感觉——一种很不舒服的干燥或黏结的感觉。它通常是与口腔内水分的迅速蒸发和液体分泌的减少所引起的一些感受有关。例如，吸入热而干燥的空气、长时间讲话和歌唱以及咀嚼干燥的食物都会引起渴感，从而激起喝水的欲望。恐惧和忧虑同样会伴有颊黏膜的干燥，从而引起忧虑性的口渴。

但是，除了上述局部的条件外，还有引起这种感觉的某些全身性的变化。举例说，大量出汗，或者由于疾病使体内水分大量丢失，诸如霍乱引起的腹泻或者糖尿病人从肾脏排出大量的水分等都会引起强烈的渴感。此外，在上一章中，我们讲过，严重出血所导致的渴感是令人难以忍受的。

根据渴感是由于口腔局部的干燥和机体整体处于需水状态所引起的，这个例据产生了两种关于渴感的性质的学说。有些实验者认为渴感的原因是局部的并与该区域的周围情况有关，而另外一些人则认为渴感是一种与全身有关的普遍感觉。

支持渴感具有全身性或者扩散性的原因的见解，其证据主要是从治疗渴感的某些全身性措施引申出来的，这种措施从总体上来作用于身体，并能解除这种感觉。例如皮下注射或肠内注射水均能迅速解除渴感。虽然这种给水的方法不湿润咽部，然而饮水的欲望却消失了。

无论如何，必须记住这样一个主要事实，即口渴的人并不诉述其不明显的全身状况；而诉述咽喉干燥和发热。此外，还有别的表明局部因素的一些事实。由于从肾脏排出大量水分而感到十分口渴的人，当用可卡因将口腔后部的神经末梢的感受性抑制之后，就解除了难受的感觉。此外，含一小口水，在口腔内嗽动，也能止渴。还有，在舌上放一点能引起唾液分泌的物质——例如，一片柠檬——也能减轻渴感。以上这些方法都没有给机体供水，但都能消除不舒服的感觉。它们的止渴效能在局部干燥和机体总体缺水二者之间的关系上没有提供任何合理的解释。我们应当了解到，干燥的口腔，作为一个局部条件，为什么可以成为自动指示身体需要的手段并成为自动导致满足的手段。显然，我们应当去寻找一种在机体需水时能够引起口腔干燥的装置。我们有理由期望在连续地并迅速地失水因而必须反复补充水分以维持正常条件的动物身上找到这种装置。让我们遵循这些线索的引导看一看我们能够从中得到什么。

水生动物，如鱼类，它的体表是潮湿的，水进入鱼的口内，再从鳃部排出，因此可能它们是永远不会体验到渴感的。另一方面，周围环境是空气的动物有一层干燥的皮肤与空气相接触，如图 11 所示，以经过鼻腔的一股气流代之以经过口腔的水流，这股气流是与古老的水道相交叉的。鼻和气管有发达的湿润的腺体，但在交叉部位这种腺体较少。所以在长时间的演说，唱歌或者吸烟时，空气不是经过鼻腔而是通过口腔吸入，从而使这个部位干燥并产生干燥和黏结的感觉，正如我们曾经描述过的，这种感觉通常就被称之为渴感。

然而，为什么这个部位并不总是感到干燥和黏结呢？又为什么在机体需水时又会有干燥和黏结感呢？再说，如果我们将水生动物与陆生动物相比较，可以发现只有陆生动物具有专门的颊腺——较高等的形式则为唾液腺。

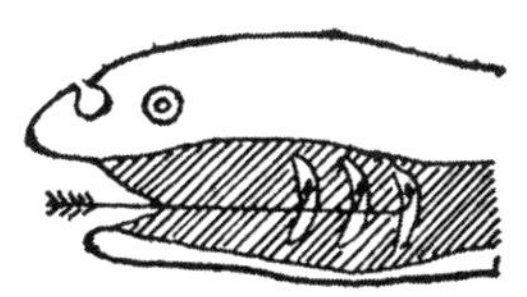

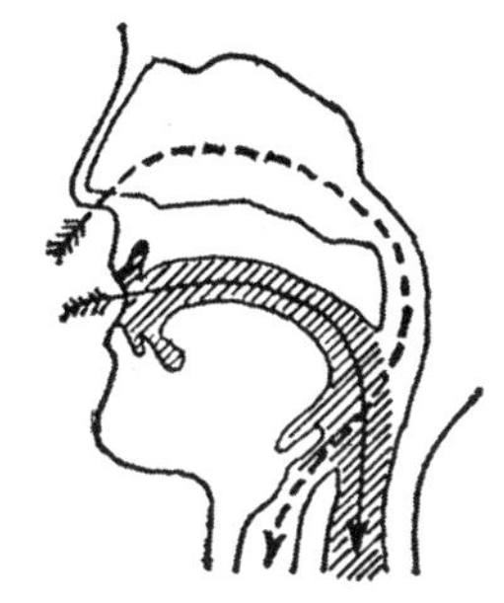

图11：鱼的头部和人的头部的正中矢状切面。本图表明水在鱼类是从口经鳃流出的，这条水道在气居动物身上发生了新的变化。注意：气流在咽部往返是与古老的水道交叉的。（引自坎农《饥与渴》一文，该文刊在《实验心理学基础》中，征得Clark大学出版社同意引用）

依据这些事实而提出的学说是：当机体缺水时，由于供水不足。唾液腺和其他结构一起都受到不利的影响：这些腺体又不同于其他的例如肌肉这样的结构，因为它们在执行功能时需要大量的水分，它们的功能就是排出几乎全部是由水组成的分泌物；再则，它们占据对机体全局具有重要意义的地位，因为如果它们没有水供应其分泌物，则它们就不能分泌，口和咽变得干燥了，于是产生了干渴的感觉。这就是我提出的渴感学说，说明全身需水时，口腔后方有其局部的和周围的引起渴感的原因。

现在，让我们检验一下由于唾液缺少而导致干燥从而引起渴感的例证。咀嚼无味的橡皮糖五分钟可以反复引起同样数量的唾液分泌。对我自己的观察，这种分泌平均在14毫升左右。实验是这样的，晚上七时以后不再饮水，到第二天上午十一点以前这一段时间里，进行标准的咀嚼，唾液分泌并不见减少。从十一点以后，

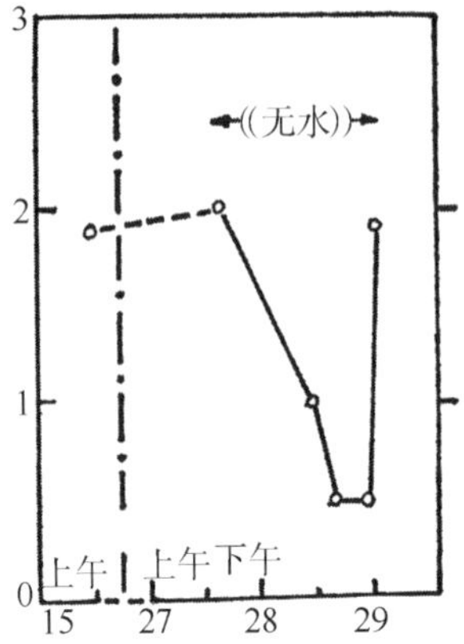

唾液分泌逐渐从 14 毫升减少到 8 毫升以下。在下午三点，我喝水一升。在以后的四小时内，以标准的方法收集唾液，证明唾液腺的分泌迅速恢复到接近原来的数量，并且保持住这个数量。我的一个学生哥来盖生（Magnus Gregersen）新近发现，如果把一只狗放在一个标准温度的温室之中，这只狗一边喘息，一边从舌底部的唾液腺（下颌下腺）分泌出唾液，用适当的方法将一侧下颌下腺的分泌液收集在量管中。如图 12 所示，失水使狗的唾液分泌显著减少；而喝水以后，唾液分泌又恢复到正常的数量。这个观察肯定了我所记述的结果，并且证明这些结果并不因打乱主观状态而无效。在我自己身上的体验，当唾液分泌减少时，有明显的渴感。饮水之后，唾液又被分泌出来，渴感消失。机体需水，唾液分泌的减少，渴感的同时发生，有力地表明唾液腺的作用降低标志着机体的需要引起了不适的感觉。

图 12：喘气时，水的蒸发对唾液分泌的影响。当给狗补水时，唾液分泌迅速恢复。

（喘气时每五分钟，唾液量以毫升计）

再者，将身体用很暖和的毯子裹起来，再放上一个热水袋，这样就可以大量发汗。作为大量失水所引起的一个结果是，按规定时间通过咀嚼引起的唾液分泌要比未失水之前减少一半。伴随唾液分泌的减少产生明显的口干和难受的渴感。在饮水之后，这种情况立即消除。

我在另一个试验中观察到，皮下注射阿托品之后，使得由于常规的咀嚼而引起的唾液腺的分泌从13.5毫升降到1毫升。这种情况是在机体并没有显著失水的情况下发生的，但是，典型渴感的一切感觉都出现了：不舒服、口腔内面发干、黏结感、说话困难以及吞咽困难——所有这些渴感的特点——是与典型的主体感觉同时发生的。在这个实验中，阿托品对唾液分泌通常具有抑制其周围区域的效果；它也就是通过口腔的局部干燥使之产生与这种状态同时出现的那种通常的体验的。

还有一个可供参考的事实：口腔轻度发干之后，很便于确定唾液分泌反射的存在。最简单的实验是咀嚼一种淡而无味的东西五分钟，再用口呼吸5分钟，然后比较二者的唾液分泌。起初，由于空气从口中来回进出，逐渐使表面发干。由于口腔表面越来越干，唾液遂被分泌出来。根据我的实验，将流出的唾液收集起来，其数量比咀嚼无味物质所分泌出的唾液量要多。这个反射的存在表明唾液腺的特殊作用之一就是湿润口腔。

惊恐会导致渴感，并伴有对唾液腺分泌的抑制都是众所周知的现象。霍瓦(H. J. Howard)医生曾经生动地报告了当他想到将被中国土匪击毙时的亲身体验。他写道："我就要像一只狗那样被击毙啦！我的舌头开始肿大，口腔发干。渴感越来越严重，舌头抵住了我的口盖，我几乎喘不过气来。干渴使得我闷塞难忍……，我处于恐惧状态之中"。他曾经为应付即将到来的死亡祈求力量。当他决心要像一个男子汉那样去对待死亡的时候，恐惧立刻消失了。他证实"我的渴感立即开始消失"。"不到一分钟，渴感完全消除，当我们到达城门口的时候，我完全平静下来，也不害怕了"。这些事实表明，强烈的渴感不是由于体内真正缺水，而是由于口腔内的局部情况所引起的。

前述的观察都支持这样一个结论，即在正常情况下，渴感是口腔及咽部黏膜干燥所引起的结果。因为此时唾液腺不能使这些部位湿润。体内的水分经过肾、呼吸道以及皮肤不断的丢失，即使经过一段长时间也不至于使血中的水含量有任何明显的改变。法国生理学家马叶尔（André Mayer）的观察指出：禁水 3 天以后的狗，其血液内并无明显的改变。通过对机体结构内的组织和细胞内的水储备的消耗，血液这个液床的活动部分得以保持住恒定状态。在被动员的种种装置之中，唾液腺就是其一。如上所述，这些器官为了执行它们在机体中的固有职责是需要水分的。如果没有可以利用的水分，唾液腺就不能执行它们的职责，随之而来的状况是，口腔变得难以忍受的干燥了。当饮水之后，这些水分立刻可以供唾液腺和其他器官使用，这时唾液腺能够再来执行使口部潮湿和滑润的特殊作用。所以说，这些腺体是机体需要水分的指示装置。

III

现在让我们来注意作为保证食物供应的一种手段——饥饿。饥饿曾被描述为一种与上腹部有关的很不好受的疼痛、剧痛、饥饿性痛以及压迫感。古老的关于饥饿的学说都认为饥饿是机体对食物有广泛需要时的一种“全身性的感觉”。特别是，循环血液中如果欠缺养料就会对脑细胞产生一种刺激，于是，这种感觉就得到了解释。这个观点是从一个共同感觉联想到的：食物入胃后，胃部附近的饥饿痛就随之消失。但是，对于我在别处提到的观点，则存在着许多严重的异议。

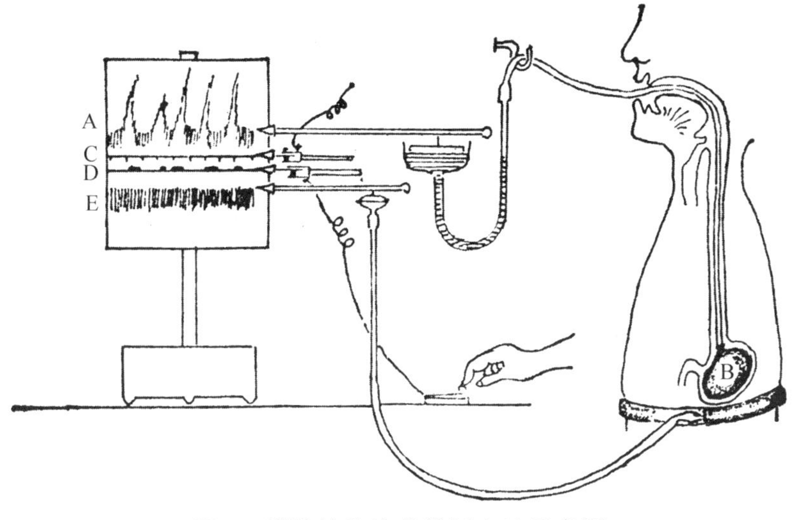

图 13：胃饥饿收缩的描记方法示意图

A. 胃内气囊 B 的体积增大和减少的描波记录，

C. 时间以分计，

D. 主观饥饿感的记录，

E. 腰部呼吸描绘器记录；记录证明这种饥饿收缩并非由于腹壁肌肉收缩活动的结果。

（引自坎农 Cannon《饥与渴》一文，刊在《实验心理学基础》中，征得 Clark 大学出版社同意引用）

我在 1911 年对于饥饿痛的反复出现的频率和节律以及胃部空气流动的声音的观察使我认为，这些疼痛是由于胃壁肌肉强烈的周期性收缩所引起的。此后不久，我的一个学生瓦希波（Washburn）对这种见解的正确性进行了检验。他首先使自己习惯于在胃内放一个橡皮气囊以及在食管中置一小管。小管使气囊与记录装置相连，如图 13 所示。再把一条空心的弹性管缚在腹部周围（呼吸描绘器），借此可以把呼吸运动描记下来。这样就使我们可以断定，从胃部记录下来的压力变化绝非腹部肌肉收缩所引起的。

当受试验的人有饥饿感觉时,按动其右手上的开关。胃内气囊的体积变化,时间(以分表示),关于饥饿感的主诉、腹部呼吸描记图上的呼吸变化都记录在同一垂直线上。图 14 所记载的是 1911 年 5 月用上述方法取得的第一个记录。

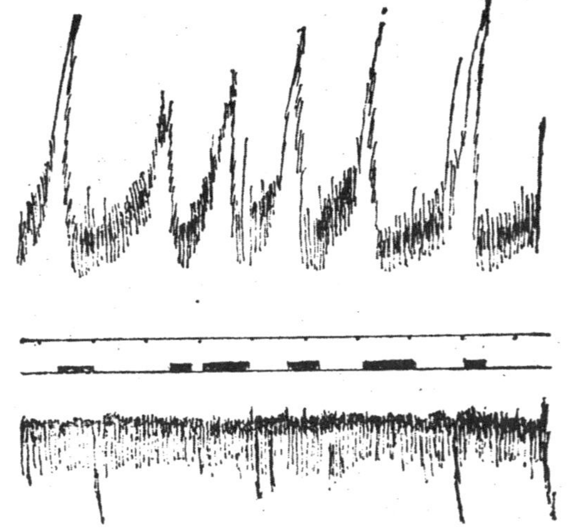

图 14:与饥饿感同时发生的饥饿收缩的第一个记录的拷贝,作于 1911 年 5 月 17 日,比原始记录缩小一半。

如图 14 所示,空胃的有力的周期性收缩持续约 30 秒钟,两次收缩的间隔时间为 30—90 秒。平均间歇时间约 60 秒钟,正如你们将观察到的,只有当胃的收缩接近到顶峰时,受试验者才诉述有饥饿痛的感觉。所以,感觉不是收缩的原因——收缩才是感觉的起因。

我们的观察立刻为卡尔森(Carlson)所证实。他研究了带有胃瘘管的人的饥饿现象。他也像瓦希波那样先在自己胃内置一气囊。通过对人和各种低等动物的一系列有趣的研究,卡尔森和他的学生在饥饿痛与胃收缩的关系方面提出了一些新的观点。他们指出,饥饿通常以偶尔发生的微弱的空胃收缩开始,继而,这种收缩逐渐增强,两次收缩之间的间隔时间越来越短,一直到达活动的极点,遂以胃部肌肉的真正的痉挛而告终。不管是单个的收缩或是痉挛性收缩都会伴发典型的疼痛或者剧痛或者饥饿痛，这种痛觉长期以来就被认为是饥饿的体验。通常在胃的收缩到达顶点之后，胃就松弛了，安静一段时间之后又开始偶尔的微弱的收缩，而且又开始重复刚才描述过的收缩周期。

这里发生一个疑问，究竟什么原因促使空胃收缩得比在消化食物时的正常的规律性收缩（胃蠕动）要有力呢？已经知道，肌肉收缩的化力能源（elective source of energy）是碳水化合物——糖元或糖。看来体内产能物质的不足可能就是通过胃的平滑肌的强烈收缩而表现出来的。布拉托（Bulatao）和卡尔森发现如果用胰岛素使血糖降低 25%左右，饥饿性收缩就变得更为强烈——这种观察是从服用过量胰岛素的病人的主诉而被观察出来的。此时，将葡萄糖注入血中，饥饿性收缩即被解除。奎来（Quigley）和卡尔森证实了胰岛素使胃和十二指肠蠕动增加，并伴有饥饿感，同时也发现把葡萄糖灌入可以直接被吸收进去的十二指肠内就能够迅速地抑制住上述现象。因为皮下注射阿托品也同样地使这种现象消失，这就表明，饥饿性收缩是由于低血糖通过迷走神经影响而引起的。拉巴勒（La Barre）和德斯特勒（Destrcc）通过摘除肝脏而逐渐地降低血糖时，观察到了当血糖为 75 毫克%时，胃就开始收缩。当血糖降低到较低的水平时，其收缩强度和频率迅速增加。然而这种影响是有限度的。血糖降到 45 毫克%时，虽然发生胃痉挛，但在两次痉挛的间歇期中，胃仍然是松弛的。把这些观察合在一起，表明除胰岛素的作用外，低血糖本身就能够引起强烈的迷走神经性的胃收缩。它可能就是正常的饥饿性收缩的起因。

IV

食欲、饮水欲、饥饿感和渴感对于维持机体营养和水分的供应来说，可以被看做是维护个体或种系的利益的生物体内的种种装置之中的典型装置。行为，要么是受到为了排除干扰即排除不舒适刺激的活动所指引，要么是受到为了延长或恢复舒适的刺激的活动所指引。饥饿和渴感属于第一种状态。该状态中的每一种情况都与一种使机体激动的因素有关；每一种情况都或多或少地促进并驱动机体从事某种活动；每一种情况都可以如此之干扰人体就像它在迫使受折磨的人设法解除这种难以忍受的苦恼一样。另一方面，经验可以建立引起快感的某种食物和饮料的条件行为。食欲，作为经验的重复，就是这样地建立起来的；被一种食欲所纠缠的人，他是被吸引而不是由于驱动而进入活动的——他是要谋求满足，而不是为了解除。我们不能想象两种激发因素——痛苦和快乐——可以像我们现在作讨论时为了分析的目的而分割开来。它们是紧密交织着的。当发现饥饿或渴感解除时，食欲也同时被满足了。在涉及保证食物和水的供应上，食欲或饮食习惯是主要的作用因素。如果机体的需要没有得到满足，尽管它是轻度的和非主要的，饥饿痛和渴感就像有力的、持续的并令人苦恼的刺激那样地出现，在它们将要停止刺激之前，它们是迫切地要求摄取食物和水分的。借助于这些自动的机制，食物和水作为机体必须供应的储备物是确定无疑的。

在饥饿和渴感的协同作用方面，现在还不甚清楚的一个问题就是"满足感"。这种机制可以保护机体不敢吃得过饱和饮水过

多。对于饱感,现在还了解得很少,它是很重要的并值得作进一步的研究。

参考文献

Bulatao and Carlson. *Am. Journ, Physiol.*, 1924, lxix, 107.

Cannon. Thirst. *Proc. Roy. Soc.*, 1918, xc(B), 283.

Cannon and Washburn. Hunger. *Am. Journ. Physiol.*, 1912, xxix, 441.

Carlson. *The Control of Hunger in Health and Disease*. Chicago, 1916.

Gregersen. *Am. Journ. Physiol.*, 1931, xcvii, 107.

Howard. *Ten Weeks with Chinese Bandits*. New York, 1926.

La Barre and Destrée. *C. r. Soc. de Biol.*, 1930, ciii, 532.

Quigley and Carlson. *Am. Journ. Physiol.*, 1931, xcvii, 107.

第四章　血液中水含量的恒定

I

前面已经提到水在机体内的重要性。粗略讲，水占体重的⅔——因此，一个体重达平均值的男子，体内的含水量大约为100磅。当然，有些部位，例如骨骼，其含水量较其他组织少些。使人感到惊讶的是，脑灰质部含水超过85%，血浆含水超过90%，我们已经知道，唾液的减少是身体需水的一个信号，而唾液的含水量在98%以上。

水是消化管内已经吸收进来的营养物质的载运者，它是一种媒介物质，种种化学反应是在水中进行的。这种介质是我们种种重要活动的基地；我们将会看到，在调节体温方面，水是必不可少的；水在机体的机械装置中起着重要的作用，它是活动着的器官的滑润剂——如肠管之间的互相滑动和关节面的来回磨动。

在身体内，水的保存作用有其重要的意义。液体从体内排出，再从外界吸入体内，这里存在着许多方面的循环，而在这些循环过程中，水是不会丢失的。如果唾液进入口腔，这时它就算离开了身体(当然，口腔的腔内已不属于身体本身的部分了！)，尽管这些唾液一夸脱又一夸脱地发生变化，一天变化的数量达到总量的半数，实际上它又在肠道内全部吸收回来。由胃黏膜分泌的胃液，每天数量约为1—2夸脱。肝脏分泌的胆汁以及胰和小肠的分泌物其总量约为2夸脱——其中几乎全部是水分——它们在消化过程中执行着释放有活性的酶的特殊作用。而后，这些液体连同已被消化的食物穿过肠道的内层回到体内。在肾内也可以看到类似的水循环；水和溶解于水中的物质自由地通过毛细血管球囊壁的脏层到达许许多多肾小管的起始部。肾小管是组成肾脏的重要部分，一部分水、有用的盐类以及溶解状态的糖都通过肾小管重新吸收进去，只把废料排到体外。在这些不同的循环过程中，正如我们所知道的，水是极其重要的运载工具，而它是一刻也不能离开身体的。

关于水对于身体的重要性的别的证据可以通过比较失水和损失其他物质的后果来间接地获得。根据德国生理学家鲁勃纳（Rubner）的观察，在禁食情况下，实际上我们可以丧失体内储存的全部动物淀粉即糖元，而不发生显著的影响；损失全部储存的脂肪，损失一半蛋白质（或者是储存蛋白或者是结构蛋白）也都不会发生严重的危险。反之失去身体水分10%，情况就会相当严重，如果丧失20—22%，那就肯定意味着死亡。

II

水分丢失的严重后果，十分可能是由于引起了血液这个公共运载者的成分的改变的缘故。除非有明显的障碍，血液的水含量不会发生重大的改变。举例说，患痢疾和霍乱时，体内水分由于腹泻而不断地丢失，即使喝了水，也不能把补给的新鲜水分吸收。结果，水分的丢失使血量减少；红细胞和血浆的浓缩以及一定容积的血液重量的增加表明血液的组成变得浓浊了。随着上述的变化，血液越来越黏稠，内部摩擦力显著增大，以致血液循环发生困难。血细胞黏附在毛细血管壁上，回心血量不足，从而使心脏排血量减少，于是，血压下降，最后出现类似休克的状态。正如乌耶特(Wood-yatt)的实验所指出的，有时在迫近不幸的结局之前，血中水分的明显减少可能引起发烧。

如果血液中的水分过多，这也是有危险的。服用垂体紊(pi—tuitrin)可以抑制水从肾脏丢失。在这种情况下，大量饮水就会发生“水中毒”。其症状是头痛、恶心、头昏，无力以及出现运动不协调现象。这种状态多半是人工造成的。它和失水时由于血液浓缩而引起的障碍很不相同。

III

我们是在不断地、必然地从体内排出水分。在呼吸时，正如我们曾经讲过的，吸入氧气，排出二氧化碳。仅当肺泡壁处于湿润状态时，气体才能迅速通过肺内小气囊壁。不但是在呼吸道的气囊部分如此，就是在呼吸道的上部，在鼻和喉部，在气管以及支气管，这些部位的表面都盖有一层液体。除非吸入的气体含有大量的水分，否则，每次呼吸都会把水分呼出体外，每个儿童对着冷的玻璃窗吹气就会显示出这种情况。在干燥的气候下，每日通过呼气而排出的水分约为1品脱。

出汗也从身体丢失水分，有一种出汗是察觉不出来的，这也就是说，用一般的试验也难以察觉，还有一种就是明显的出汗。贝讷第(Benedict)博士和夫人曾经作出这样的估测：一个处于安静状态或从事轻度活动的人在非察觉的排汗中所丢失的水分的平均值与呼吸时所丢失的水分，数量相近，约为1品脱。假使进行轻微的体力活动，而且周围空气不很潮湿，这时的出汗是不能察觉的；少量的汗水蒸发得如此之快，以至于不能被人们察觉。如果天气炎热，或衣着过多，或者由于肌肉的运动而产热过多，这时出汗增多，甚至可以大量增多。进行足球比赛和赛跑的男人其体重可以减轻4—5磅，其中绝大部分就是水分，它们又大部分是通过皮肤丢失的。

不断地排出水分的第三条道路是通过肾脏。我们必须记住，通过肾脏排出体外的是一些非挥发性废料。它们是由于机体的活动而不断产生的。为了保持血液成分的恒定，这些废料必须从血液中排除掉。它们只能在水溶液中排出。要排出45克尿素这样的废物，大约需要1夸脱水。马略特(Marriot)描述了一个不吃食物或不喝水而活着的病人，他体内的非挥发性废料要求每天从肾脏排出水分约1品脱。也就是说病人通过这一途径而排出的水分是无法补偿的。

从所有这些观察看来，显然，当血液面临着因丢失水分而出现危险情况时，躯体必有大量水分排出，而这种失水是不间断地进行着的。

IV

前面我已经提醒大家注意这样一个明显的事实，即连续几天丢失水分，血液可以不随着发生变化。魏坦道夫(Wettendorff)在布鲁塞尔检验了一只三天没有喝水的狗的血液，而且采用了改进了的检验方法,结果发现血液的成分并无变化。四天之后,好容易才有一种可以察觉得出来的变化。狗虽然没有汗腺,但它和人一样从肺部和肾脏丢失许多水分。尽管一方面是失水,另一方面又没有纳水,但魏坦道夫和梅叶尔的实验都表明:血液中的水分仍然是恒定的。

如果纳入大量液体到体内,血液中的水分也仍然保持恒定。这个事实则是由海登(Haldane)和泼瑞斯特里(Priestly)在自己身上进行的实验所揭示出来的。他们报告了在6小时之内喝水5.5升(约6夸脱)这样一个异乎寻常的做法。这时通过肾脏排泄的速率增加了一倍,高达每小时1200c.c(约1¼夸脱)。从肠管(水分在这个地方被吸入体内)借循环血液运到肾脏(水分从这里排出体外)的水量超过估计血液总量的⅓。此外在这段时间内,检验血液的颜色时,没有发现血液有明显的稀释。

不管水的纳入大量减少或者大量增加,然而液床的迅速流动部分总是处于明显的恒定状态。所以,我们下面必须对管理这种恒定状态的装置加以探究。

V

根据我们现有的知识,排除机体内无用水分的调节器是直接由肾脏来完成的。但是,如客希纳(Cushny)所指出的:这种调节是“对水分过多的调节,而不是对缺水的调节”。即使在机体缺乏水分的情况下,它还是要力求通过肾脏排出一些水分,正如我们已经指出过的,这是为了把非挥发性废料排出体外。当大量纳入水分或含水的液体时,肾脏就会起调节作用。在这种情况下,肾脏不仅显露出一种在给定时间内排出大量水分的惊人能力，同时也显示出它对血液成分的极为微小的改变具有极大的敏感性。从海登、泼瑞斯特里的实验结果看来，通过血色的测定虽然没有显示血液稀释的现象，但随后泼瑞斯特里以电学方法进行的实验证实，如果纳入大量水分，可以察觉到血液的导电性能有所降低。血液的渗透压也显示出轻微地然而可以确定地变小了。肾脏这个装置必须对这种显然是微不足道的变化迅速地发生反应并且以值得钦佩的能力来防止这种改变的继续扩大。

我曾经提到毛细血管球，它们位于几百万个肾小管的顶端的肾球囊之内。肾小管使肾脏的容积大大增加。肾小球的毛细血管把水（含有尿素、盐类、糖）过滤到肾小管内。血浆的白蛋白部分不能通过滤过装置。正如血浆和淋巴液的区别那样，血浆中与肾小球滤出液中白蛋白（或者蛋白质）的含量不同，形成了一种渗透压，这种压力使得滤过压力变小。我们曾经举例证明了液床内的许多恒定物质的相互关系，这是很清楚的事：只有血浆中蛋白的浓度保持恒定，滤过作用才能成立，这也就是说，水从血液中的滤出要保持在一个恒定的界限之内。在这个意义上，血液中水含量的恒定在很大程度上取决于血浆蛋白的恒定。

根据现在的观点，水和溶解于水的种种物质在肾小球滤过之后，还要在通过肾小管的过程中受到重要的处理。肾小管上的细胞具有特定的形态，因而表示它们具有作功的能力，而且证明，它们确实能够作功。根据一个广泛被接受的学说，肾小管细胞具有从肾小球滤出液中把含有像水、盐类、糖这些在正常血液中可以找到的结合物重新吸收到身体中去的作用。随后，那些溶解在未被吸收的水或作为所必需的运载工具的水之中的尿素、尿酸以及其他酸性物质就成为正要排出的废料而遗留下来。假使从食物中摄取了过量的糖或盐,那么在肾小管的液体中就会出现一定量的糖和盐以便通过渗透压来对抗肾小管壁的细胞的吸水作用。所以,我们能够理解到,血液内盐和糖的恒定的调节就像血浆蛋白的恒定一样,主要决定于身体中的水含量。

VI

现在我们已经知道,当机体纳入过量的水分时,血液的恒定是怎样保持不变的。如果机体在很长一段的时间内没有纳入水分,那血液又怎样来保持恒定呢?证据十分清楚,水是储备着的,如果一旦需要,它就会被释放出来。恩哥尔斯(Engels)的实验指出:缓慢地把生理盐水注入静脉达1小时,约有60%是被保存起来的。在注射完毕时,检查身体的各个不同部分得出这样的事实,即绝大部分的水是在肌肉和皮肤之中。有趣的是,虽然已经注入了1夸脱多(1200毫升)的盐水溶液,而观察到血液本身只有轻微的变化。

对出血后各种器官的研究进一步证明了水主要是储存在肌肉和皮肤之中的。我们已经知道,出血时,淋巴液中的水分进入血液。在这个过程中,所有的组织都发生脱水。斯开尔通(Skelton)通过比较同一动物(如猫)的一些器官在较大的出血之前和之后的情况,发现对于一个供水充足的动物来说,出血后来自组织的水分其中大部分是来自肌肉和皮肤——来自肌肉约占14.5%,来自皮肤占11%,对于一些干渴的动物来说,分别为16%和43%。这些观察表明肌肉是储水的主要场所，但是，身体的一半左右是由肌肉组成的，如果按单位重量计算，实际上，肌肉丢失的水分比其他部分要少。

水分进入这些储存部位好像是一种“泛溢”(inundation)。我曾经把淋巴间隙比作一个沼泽，在这里液体处于停滞状态。“泛溢”这个词也包含了这种类似的性质。我们可以把组织间隙比喻作一个沼泽，当供水充足时，沼泽就被水所充溢，又当供水不足时，水分又渗回到分配系统(血管)中去了。看来，在网状的疏松结缔组织之中，特别是在皮下和肌束以及肌肉之间和周围，存在着那种相关的装置，当然，机体的其他部位也有这种装置。结缔组织不同于别的组织之处就在于它富有胶状的非细胞物质，与血管保持着密切联系——事实上，结缔组织起着支撑血管的作用——陈列成一个广大的托层。在结缔组织中，这些装置的主要功能不仅是控制着流动的水分，而且也控制着溶于水中的诸如盐、糖(葡萄糖)等物质。在这种组织中，几乎没有细胞[①]，代替它的是细纤维组成的有孔的网，这些纤维借助少量的黏合物质而互相黏着。在胶原纤维网的小孔中可找到蛋白物质(黏蛋白、少量的白蛋白和球蛋白)。在这些网眼中，水和溶于水的一些物质，看来是以某种形式在网眼的束缚下得以储存起来。当心脏和肾脏的功能不全时，液体就会在这些网眼中积聚起来。由于结缔组织中水的积聚不是正常的，于是水肿或浮肿表现为踝部附近的肿胀或皮下随便什么地方的

① 疏松结缔组织中细胞成分相对地比较少，它们包括成纤维细胞、组织细胞、肥大细胞、浆细胞以及未分化的间充质细胞等。——译者

浮肿。

尽管上述例证表明了蜂窝组织好比是一个供应机体水分的水库，但是，还有一种可能性，即在非常需要的情况下，某些细胞中的水分即细胞浆有可能被吸取出来去供应别的细胞。我们已经知道，当出血之后，血压下降，流入周围器官的血容量流减少，这有利于重要器官的继续生存。同样，在饥饿的情况下，有些组织消瘦下来，亦即放弃掉它们的某些结构，以此来保护脑和心脏。显然，这些器官是受到优厚待遇的。即使在长期间的禁食之后，可以发现它们还是十分正常的；在干渴致死之时，已经耗尽了其他器官，但心脏和脑的水分供应仍然有良好的保证。

VII

在出血或大量出汗之后，对水分有迫切的需要，在这个时候，机体内的水分可从储存处突然而迅速地释放出来。显然，这些储存部位的不断放水就是为了维持血液稳态的需要，因为肺部、汗腺和肾脏不断地在丢失水分。只有假定有一种装置，使水分在急需时能从储存部位释放出来，我们才能解释梅叶尔和魏坦道夫对干渴的狗所观察到的明显的结果——在连续几天的失水之后，血液处于不变状态。

在需要维持血液稳态之时，究竟水分如何从储备中释放出来，现在还没有完满的解释——诚然，考虑水在储存场所的积聚和存留也能作出同样的说明。我们知道，细胞质是和血浆和淋巴相似的一种含有盐类、糖以及白蛋白物质的水溶液。在细胞质和淋巴之间，处处有细胞膜相隔，水与某些溶质能够迅速地透过这层细胞膜。通常，血浆中的水和淋巴中的水是平衡的，而淋巴中的水又是与细胞质中的水平衡的。假使血浆中的水分增多，它就破坏了平衡。我们可以设想，水将从血浆中扩散到淋巴中去。反之，如果血浆中的水减少，而血液浓缩时，我们可以有理由推想水分将从淋巴进入血液。这里要考虑到一种机制，这就是我在前面说过的，当纳水过多时，水分向组织间隙中"泛溢"的概念——自然，这个过程要受刚才提到的平衡状态的限制，还要受肾脏排泄的限制——当体内水分排出而有改变血液恒定的趋势时，渗出到组织中的液体又重新回到血浆中来。但是，这可能不是问题的全面解释。

阿道夫(Adolph)、巴尔特(Baird)和海登等人发现了这样的事实，即纳入食盐和水会显著地增加体内的水储留。还有这样的证据，即酸碱度的轻微偏移也会影响到水的储存。根据夏德(Schade)的观察，体液偏碱性时，导致结缔组织中水的储留，偏向相反方向即偏向酸性一侧时就会使水分释放出来。颈部的甲状腺通过它所分泌的激素也能起到调节的作用。如果甲状腺摘除或者甲状腺疾病时，在皮下结缔组织中会积聚大量的蛋白物质和水分——这种现象称为黏液水肿(myxedema)。用甲状腺抽出液或者用这种抽出液的主要成分即甲状腺素做治疗时，黏液性水肿就会迅速消失。在治疗之后，黏液性水肿的消失是与从肾脏排出大量水分和盐类有关的。

正如我已经说过的，例如在大出血后，血循环内需要水分和盐类时，这些不同的因素究竟如何协同作用，还没有弄清楚。前面提到的证据，只是证明水的储存和释放对于机体具有头等重要的意义。我们对于各种不同因素在这一过程中所起的作用如此之欠缺知识，要求我们作进一步的研究。

VIII

人们公认，我们对于水在血液和组织间隙二者之间（也可能还有细胞）来回传输的情况还是不完全了解的。但是，我们确实知道，水是可以储存起来的。我们知道，虽然血液是在不断地向外渗流，但是水分可以用某种速率从储备中状态渗进，使得血液保持恒定。换句话说，当我们考虑到使血液发生改变的种种经常存在的干扰条件时，液床的恒定部分保持住牢固的恒定达到令人惊奇的程度。如果喝了大量的水，血液也不至于被稀释，而是一部分储存到结缔组织间隙之中或者一部分经肾脏排出。再说，通过出汗、呼吸、排尿或者暂时把液体泌入消化管内从而使机体丢失水分都同样地不会使血液成分有明显的变化。在这种情况下，可以靠组织内的储备物质的资助来保持血液的恒定。正如我们已经指出的，从肌肉和皮肤释放出来的储备物质最多。其他部分也同样能够释放出它们的储备物质，或者由于消耗过多而处于供应不良状态。在这些其他种种器官之中，唾液腺包括在内。我们已经知道唾液腺分泌的唾液所含的水分在98%以上。在供水不足的情况下，它们就不能产生适量的稀薄的唾液来使口腔和喉部舒适。我们把在口腔、咽喉部发生的不舒服的干燥感和黏结感称之为渴感。渴感促使人们喝水或者饮进其他液体饮料，使得体内正常的储备物质得到恢复——进而使唾液腺的正常功能也得到恢复。

参 考 文 献

Adolph. *Am. Journ. Physiol.*, 1923, lxv, 419.

Baird and Haldane, *Journ. Physiol.*, 1922, lvi, 259.

Bonedict, F. G. and C. G. Proc. *Nat'l Acad. Sci.*, 1927, vi, 364.

Cushny. *The Secretion of Urine*, London, 1926.

Engels. *Arch. exp. Pathol. u. Pharmakol.*, 1904, li, 355.

Haldane and Priestley. *Journ. Physiol.*, 1915, l, 296.

Mayer. *C. r. Soc. de Biol.*, 1900, lii, 154, 389, 522.

Schade. *Oppenheimer's Hdbuch. d. Biochem.*, Jena, 1923, viii, 172.

第五章 血液中盐含量的恒定

I

前一章叙述水在机体内的调节作用，为省略起见，我们对于溶解在水中的种种盐类的相应调节只是简略地提了一下。在血浆和淋巴液中有氯化钠（NaCl）、氯化钾（KCL）和氯化钙（$CaCl_2$），还有含三种碱（Na、K、Ca）的磷酸盐和硫酸盐。血液中含量最大的矿物质是食盐即氯化钠。虽然这些盐类都对身体的固有功能很重要，但是，我们不能够对这些盐类的调节作用作全面的研究。我们首先将考察血液如何维持氯化钠的恒定过程，因为氯化钠与水的调节有密切关系。然后，我们再研究钙浓度的调节，因为钙的调节有其不同的特点。

II

非常明显，在血浆中，氯化钠的钠和氯（钠离子和氯离子）是可以独立地变化的，在两者当中，碱是更为稳定的成分。所以，在研究液床内的稳定状况时，总是把碱性离子的稳态作为研究的重点。由于我们现在所采用的大部分事例都来自一些实验，而这些实验都是就氯化钠的作用自身进行研究，所以我就从作为一种盐的氯化钠来进行考虑。

在血液和淋巴液中，相对地说，氯化钠的含量是很大的，这就使氯化钠在这些液体的渗透关系中成为一个重要的因素。假使它在血浆中的百分数上升——例如，从 0.56%升到 1.0%——那就会使渗透性质发生显著改变。体液内渗透压的升高就会把水分从细胞中吸回到体液中来。血液中盐浓度的恒定显然是重要的。

假使用缺盐的食物饲养动物，经过一段较长的时期，血液中的盐含量就会显著地减少。这时肾脏就不让更多一点的盐分丢失。如果现在给予利尿药物，这种药物使含盐原尿迅速通过肾小管，从而解除了防止盐分排出的保护性抑制，盐的排泄就再次增多。盐分的过多丢失就增大兴奋性，于是，发生无力和颤抖，最后后腿麻痹，经过几个小时后，动物死亡。除非盐分丢失的后果十分严重，注射氯化钠溶液能使动物恢复正常状态。格林瓦特(Grünewald)在兔身上所做的这些观察表明了血液中盐含量保持在标准水平的重要性。泰勒(Taylor)报告了他吃无盐饮食时在自己身上观察到的一些症状。起初是出汗增加，食欲消失，第 5 天则感到十分疲乏，到第 8—9 天他觉得肌肉疼痛和僵硬。继而发生失眠和肌肉抽搐。由于出现更为严重的症状，实验被迫中断。

假如给儿童服用过量的食盐，就可以引起发烧，称为“食盐热”。给低等动物静注高渗盐溶液就会迅速引起这种现象。然而，通常食用超过实际需要的过多的盐分之后，并不至于发生明显的障碍。

前述的资料证实了血液中氯化钠含量下降的致病效应，也证实了我们的身体接受和排除大量的食盐的能力。这种情况与水在机体中的情况很相似。和水分一样，身体的盐分不断地从尿液和汗水中丢失。血液中盐的浓度的恒定表示，盐分和水相似，储存在体内某些部位中，而当需要时，它又被释放出来。

III

巴尔特和海登在他们自己身上所做的实验表明，盐分可以在体内储存。他们吞饮浓氯化钠和碳酸氢钠（$NaHCO_3$）溶液，发现只有一部分吸入量出现在尿中。绝大部分储存在体内。现在，有趣的事情是，喝下更大量的水（2 夸脱或者更多一些），不能把储存在组织中的盐分冲刷下来。因此，似乎可以这样说，一旦盐类储存到组织中，再被释放出来就比较缓慢了。

孔海姆（Cohnheim）和克林格（Kreglinger）提出了关于盐类储存的更多的证据。在攀登罗莎山（Monte Rosa）的过程中，其中一个人的体重掉了 6 磅，主要是由于出汗。每日的纳盐量则是完全相同的。从开始登山的那一天起，通过肾脏的排泄显著减少——毫无疑问，这是与出汗而使盐分大量丢失有关。可是在第二天，当受实验者休息时，通过肾脏的排泄仍然很少。对纳入盐量与排出盐量加以比较的结果表明，在爬山当天体重下降之后，身体保留的盐量在 10—14 克之间，也就是说，接近 4 茶匙。这些观察使人相信通过出汗可以使体内氯化钠的储备有所减少，但是又可以从休息这一天摄入的盐分立即进行补足。

IV

假使盐在体内储存起来了，那么究竟储存在什么部位呢？帕得贝克（Padtberg）所作的一些研究指出：肺、肾、血液以及皮肤含氯化钠最多。服用多盐饮食，体内⅓的盐存在皮肤之内；静注含盐溶液之后，储存盐分在皮下结缔组织中占28—77%。帕得贝克还发现，饲以少盐食物一段时间之后，机体的氯含量可以下降11—21%，根据计算，其中60—90%是通过皮肤丢失的。其他器官储盐的作用很小。当然，在皮肤中，它是采取与水和其他物质相结合的形式而储存在结缔组织束的细小网眼中。这些结缔组织束使这个部位具有海绵的性质。当水从储存处被吸出时，我们必须想到，盐也随同水分一道被带走，否则血浆的渗透压就会改变。

V

毋庸置疑，血液内盐含量恒定的精细的调节装置位于肾小管内。钠这个碱在血液当中的恒定水平是0.3%。如果百分数超过0.3，则钠就会和水一道通过杯状的肾小球，根据新近的观点，水和盐在肾小管下段的细胞中只按血内的正常比例重新吸收回去，多余的钠就排出体外。在这个过程中，尿的浓度可以升高到2%。反之，假使血液中钠的含量有下降的趋势，则盐分就被控制在肾小管内并被吸收回体内来。水和盐都要经过肾小球过滤，但它们通常是按血液中水和盐的正常比率再被吸收回来，又因为盐在原尿中的含量一般不会过多，所以实际上它们会全部被保留下来。泰勒在自己身上做过实验，当他吃无盐饮食超过一个星期之后，每天氯化物的总排泄量降到0.2克。汗腺有点像肾小球，但它没有具有吸收能力的小管。因此，随同汗液排出的盐分则是绝对地从身体丢失掉了。

当有一段时期不纳盐时，基于手边的一些事实，我们可设想，通过对储存于皮肤中的盐分的吸回，以及与此同时，尽可能地通过肾小管的保留作用来防止盐分的丢失，从而使血液中的盐分保持恒定。

如果当机体内需要盐分时，例如，这种情形可能发生于一些草食动物，它们的食物中的钾含量大大超过机体的需要，这时发生的现象叫做"盐饥饿"(salt hunger)。已经发表的证据确凿的报告表明，某些动物为了解除它们的"盐饥饿"而长途跋涉到"舐盐的地方"(salt licks)。这种盐饥饿的性质现在完全不清楚。

保持血液中盐含量恒定的稳态装置的类型，看起来似乎是和保持水恒定的装置相同的。我们可以推想，为了储存，存在着一种渗入结缔组织的海绵网的充满作用，而当供应过量时，则有一种通过肾脏的外溢作用。当发生缺盐情况时，则可以通过储存部位的外溢作用补偿，与此同时，尿液中的排泄物减少。"盐饥饿"与渴感相似，它也是满足机体的重大需要的一种手段。实际上从各方面看来，水的调节和盐的调节是相似的，二者很可能是同时并行的。

参 考 文 献

Baird and Haldane. *Journ. Physiol.*, 1922, lvi, 259.

Cohnheim and Kreglinger. *Ztschr. f. Physiol. Chem.*, 1900, lxiii, 429.

Grünewald. *Arch. f. exper. Pathol. u. Pharmakol.*, 1909, lx, 360.

Padtberg. *Arch. f. exper. Pathol. u. Pharmakol.*, 1910, lxiii, 78.

Taylor. *Univ. of California Publications*, 1904.

第六章　血糖的稳态

I

葡萄中的糖或葡萄糖，是淀粉类食物为了便于躯体利用而变成的一种形式。在食物中，所有生成能量的物质里，葡萄糖是最能迅速利用的。当葡萄糖供应充足的情况下，它总是被优先利用；于是，脂肪的燃烧几乎完全停止。进一步说，按照目前的观点，葡萄糖或其储存前质——糖元，是肌肉收缩的基本条件。因此，该物质的利用是从不间断的；甚至在睡眠中心肌和呼吸肌也在消耗着糖元，而它只能定期地得到更新。

在通常循环血液中，葡萄糖的浓度是：在100立方厘米血液中含有100毫克，一般用“100毫克%”来表示。在该浓度上下，不应当发生大幅度的变化。在吃了一顿高糖饮食之后，或在吃进大量糖果后，浓度超过“肾阈”（约180毫克%），糖就通过尿排出体外。反之，如浓度降至70毫克%或更低，就很可能出现“低血糖反应”。

由于使用一种胰腺的内分泌制剂（即用于治疗糖尿病的胰岛素），低血糖反应受到了重视。关于这种药物在该疾患中的合理应用我们将在后面讨论，现在我们可以只注意这一点：即胰岛素的作用能使血糖产生过度的下降。当血糖水平在胰岛素作用下下降到70毫克%左右时，病人一般会产生无力或疲乏感，并有难受的饥饿感觉。几乎总是有震颤感以及精细动作发生某种不协调现象。如果血糖浓度继续下降，还会出现下列客观体征：大量出汗，常有面色苍白和潮红，瞳孔扩大，脉搏加快（尤其在儿童）。与此同时，主观症状变得更为严重：神经质倾向发展为不安、兴奋甚至情绪发作。如血糖下降得不到阻止，则可呈现出令人担心的表现，如巨大的情绪动荡，语无伦次，精神错乱以及谵妄。

在低等动物接受过多胰岛素后也显示出类似现象，并在下降到 45 毫克％左右时达到高潮，出现惊厥和昏迷，这种效果并非胰岛素本身所造成，而是在胰岛素作用下血中糖分减少的结果，曼（Mann）和马加思（Magath）的实验证实了这一点。他们发现在躯体失去肝脏的作用后血糖水平下降，出现惊厥动作，随之神志丧失，这些都是处于 45—50 毫克水平低血糖时的特征性表现。这些结果与胰岛素性低血糖所产生的结果相同。无论是低等动物还是人，如果在低血糖状态时向血内注射葡萄糖，则会发生惊人的转变，明明是垂死状态的危险症状或体征就奇迹般地消失了，并且几乎立刻就恢复到正常状态。

糖就这样继续不断地为躯体所利用。它只定期得到更新。糖向血液中输送不仅需要保持连续不断，而且需要加以调节以便适应这样的要求：既不要过多以致躯体损失宝贵的能量生成物质，又不要过少以致可能给整个机体带来不同程度的严重障碍。

II

糖的储存在供应充足与不足之间起到中间调节作用，从而保证血糖的稳态。但这种物质的储存不同于水和盐类，而是分两个阶段进行。

第一步，多余的血糖的临时贮藏所和多余的氯化钠一样，是在皮肤里面。当饮食中含有大量糖和其他易消化的糖类食物时，血糖浓度一般从 100 毫克左右升高到大约 170 毫克%——即刚好在肾阈以下。福林(Folin)、特林堡(Trimble)和牛曼(Newman)曾经发现，在这个阶段中，当血糖浓度高时，皮肤中的浓度也同样是高的。看来这种情况是泛溢式储存的又一个例子。葡萄糖并未发生化学变化，糖向临时贮藏所的存放以及由此提取的过程不需要特殊的装置。当血循环中的糖被利用或用于我们即将提到的更长期的储存时，血中浓度就下降，于是那些曾经充溢皮肤深层海绵状间隙内的以及还可能流入其他富有蜂窝组织的部位的浓缩葡萄糖，又逐渐回流到血液，然后按照血中葡萄糖的惯常途径被直接利用或用于更固定的贮藏。

第二阶段，或第二种贮藏方式，是以包含物的形式在细胞内储存起来，这不只是葡萄糖，也是其他营养物质管理上的典型方式。我曾建议把这称为转化式储存(storage by segregation)。它和泛溢式储存(storage by inundation)不同，受到更为复杂的调节。如我们所知，泛溢式储存可以表现为一种根据充足程度多少从血流中流出和回流入血的过程，即一种比较简单的过程。反之，转化式储存则通常包括物理状态或分子组成的变化，而且看来是由神经系统或受神经系统与内分泌腺协同作用来进行调节的。

由于我们知识上还有许多不足，这种说法只能是假设性的，进一步的研究将会揭示更多有关这方面的知识。

糖以淀粉形式储存于植物中。它在动物中的储存则采取“动物淀粉"即糖元的形式。植物及动物体内循环形式的糖都是溶于水样液体内的糖。从坚硬的枫树内涌流出来的树浆中提取的枫树糖浆可以证明这一点。流动血液中的葡萄糖变成贮备的糖元储存在肝和肌肉的细胞内,当需要动用时,它又被肝细胞转化为葡萄糖,并可被血液运送到需要的部分。肌细胞中的糖元转化为乳酸,该物质也能进入血液,有趣的是,在到达肝后还可以在那里再次被合成为糖元。

糖类储存和释放的方式提供了通过转化方式实现稳态的最好例证。当有丰富的糖类食物时,肝内就有大量糖元储备。但是在长时间肌肉工作后,这些储备可以几乎全部耗尽。注意看到这一点是重要的:即释放过程的连续进行显然是受到调节的。康波斯(Campos),兰丁(Lundin),沃尔克(Walker)和我最近的实验表明,狗在脚踏轮上剧烈运动两小时过程中,血糖的平均水平逐步从 90 毫克%左右下降到大约 66 毫克%。换言之,当葡萄糖(在肌肉工作中)被大量利用时,它在血中的含量要维持这样一种浓度:既不要造成通过肾而丢失的可能性,又不会因低血糖之故而导致严重的障碍。

III

现在让我们看一看内环境中血糖升高时会发生什么情况。当摄入过多葡萄糖时,对抗这种趋势的作用效应就表现出来了。血糖升高到接近能由肾脏逸出的水平,但一般不会超出这个水平。过多的糖,除了以泛溢方式储存起来外,都被分别贮藏在肝或肌肉中,或转变为脂肪,或被直接利用。有证据说明,在肝和肌肉细胞中的转化式储存过程取决于胰岛素的作用。胰岛素是由胰腺中一组细胞群,即所谓“兰格汉氏岛”(islands of Langerhans)细胞所产生的一种内分泌物质,胰岛细胞将这种物质释放入血。关于胰岛素在储存过程中的作用,我在下面只作一个简要的叙述:

第一,胰的病变或摘除胰脏会迅速引起糖尿病的发生,表现为血糖过高(高血糖症)和肝内储存糖元的大幅度减少。

第二,对糖尿病人,或对有糖尿病而饲以食糖的狗给以胰岛素,能使血糖减少到正常浓度,同时引起肝内糖元的再次大量蓄积。简单说来就是,胰岛素被注射后就取代了在胰机能缺陷时所缺乏的那种物质。

第三,对摘除胰腺的动物给予胰岛素能导致肌肉中糖元储存的明显增加,在供给多余葡萄糖时尤其明显,如无胰岛素作用,葡萄糖就不会被储存起来。

最后,作为胰腺在正常情况下参与控制糖类利用的证据,则可举出霍曼斯(Homans)的观察结果,他在兰格汉氏岛细胞中看到一种具有特征性的变化,即对一只仅残留小块胰腺的动物饲以过量糖类食物,则该细胞显示出过劳状态;伴随此变化而发生的是这种细胞的机能退化。

至于怎样使胰腺分泌出胰岛素,这个问题现在尚不清楚。高浓度的循环着的葡萄糖能对胰岛细胞产生直接刺激作用,这是没有多大疑问的。各种实验都反映了这个事实,正如明可夫斯基(Minkowski)指出的,将胰腺的一部分移植到皮下,并摘除余下腺体从而破坏其神经联系后并不会出现糖尿病;但随后除去了移植片时,则该疾患就立即明显化起来。与此结果相一致的是盖耶

(Gayet)和吉尧米(Guillaumie)的实验,他们证明,在一个实验性糖尿病的低等动物身上,通过其颈部血管和另一动物的胰腺作人工连结,则其过高血糖立刻就会下降。

但是,也有证据说明胰岛素的分泌是受神经支配的。在德可拉尔(de Corral)和麦克利奥(Macleod)及他的同事所做的缺乏决定意义的实验之后,我的合作者之一,S. W. 布利顿(Britton)发现,在排除交感-肾上腺系统(我们将在后面看到它是和胰腺作用相对抗的)的作用之后,再刺激右侧迷走神经可得到血糖下降的稳定的结果。图 15 表示在阿米妥麻醉下进行预备手术后,不刺激迷走神经时血糖的一般变化过程。图 16 表示在此基础上刺激右侧迷走神经后所出现的血糖下降。如事先结扎胰的血管,则不出现这种结果。根据丛兹(Zunz)和拉巴尔的实验,胰岛素分泌的神经支配可通过注射葡萄糖来证实。他们利用一种交叉循环的方法,即将一只狗(A)的胰腺上引出的静脉连结到另一只狗(B)的颈静脉上,他们发现将葡萄糖注射到 A 狗会使 A 狗的胰腺血液的接受者 B 狗的血糖下降。两只动物当然都是未麻醉的。他们宣称,如果事先切断 A 狗的迷走神经,或用阿托品这种药物来阻滞迷走神经冲动的传递,则 B 狗就不发生血糖下降。很明显,过高血糖可通过迷走神经的作用来增加胰的内分泌,这种增多了的分泌物质从 A 狗输送给 B 狗,在后者引起血糖水平的下降。

将以上证据综合起来,表明存在一种胰岛素分泌的神经支配,但也说明这并不是必需的,说它并非必需,也不等于证明,它是无用的。躯体内许多器官虽在失去与神经系统联系的情况下仍能行使一些功能。例如,正常状态下支配肾上腺分泌的内脏神经虽被

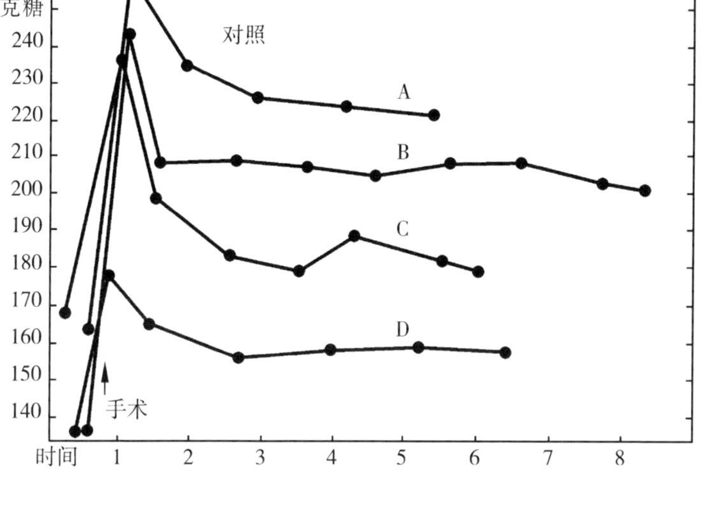

图 15：A. B. C 和 D，分别代表四个对照实验，说明在阿米妥麻醉下血糖变化过程。所有实验动物的左侧肾上腺都完全结扎，暴露右侧迷走神经以备刺激之用。手术一律引起血糖明显上升，而且出现一定的最终水平并维持数小时，此水平与上升高峰值相关。

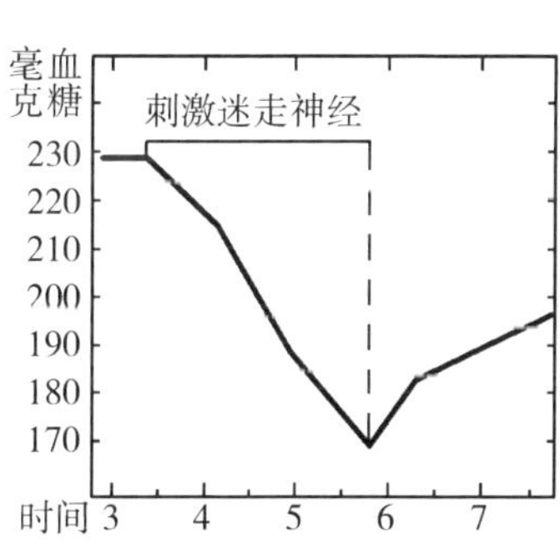

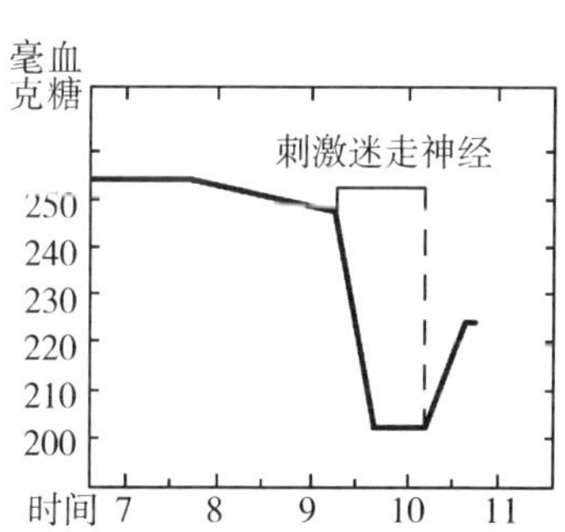

图 16：两例实验记录，表示刺激迷走神经对血糖的效应，每例左侧肾上腺都已结扎。

切断，但在发生窒息时仍可能有肾上腺素分泌出来。但是，在这种状态下,该腺体与接受特定神经支配时相比,反应能力就较差。迷走神经可能对胰岛素分泌提供一种精细的调节。

IV

对胰岛素效应的研究可能使我们对防止血糖水平发生严重下降的一些因素作用得到深入的了解。如我已指出过的,通过胰岛素作用把血糖浓度降低到70毫克%左右,则会引起所谓“低血糖反应”。这种反应所特有的表现,如苍白、脉快、瞳孔扩大以及大量出汗,是交感神经系统作用的体征。自然会产生这样的问题:这些现象是否是该系统所发挥的全身作用的一部分呢?如是的话,是否肾上腺分泌在起作用呢?在低血糖状态下交感-肾上腺体系的介入,是非常令人感兴趣并具有重大意义的。因为该体系具有从肝内储备中释放糖的能力,因此,为了保持正常浓度而需要更多的糖时,血中糖浓度的减低就会完全自动地引起交感-肾上腺机构的作用。

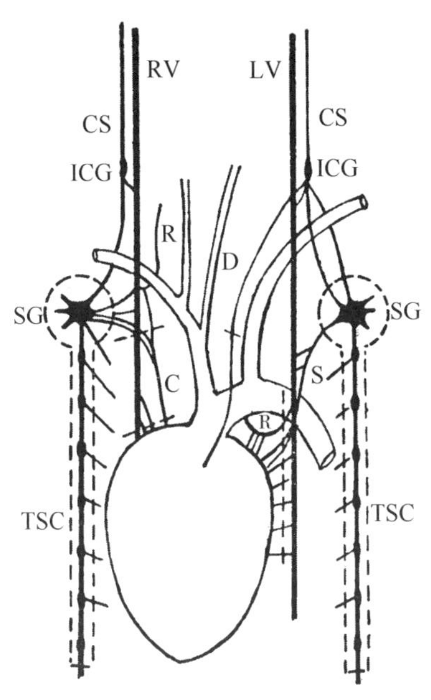

图17:猫心脏神经一般分布图。RV,右侧迷走神经;LV,左侧迷走神经;CS,颈部交感神经;ICG,颈下神经节;R,喉返神经;D,减压神经;SG,星状神经节;C,“心总神经”;S,交感纤维;TSC,胸交感神经链。虚线表示切断或剔除部分。

为了解肾上腺是否在低血糖反应中确实分泌肾上腺素，布利斯（Bliss），麦克伊弗（McIver）和我曾用“去神经”的心脏（即切断所有神经联系的心脏）来试验这种可能性。我们已经知道，交感神经系统沿神经纤维向心脏传送加快心搏的冲动，也知道迷走神经起相反作用使心搏减慢。路易斯（Lewis），布利顿（Britton）和我曾通过仔细的外科手术摘除掉胸部上方每侧交感链发出的加速纤维，切断位于支配声带的喉支下方的右侧迷走神经，剪除左侧迷走神经的心支（见图 17）。这样，心脏就与神经系统完全失去联系，而心脏在胸腔的位置并未改变；它继续推动血液通过动脉、毛细血管和静脉；但这种心脏的机能不再能依靠直接的神经影响来适应躯体活动的紧急状态。心脏与机体其他部分的唯一联系是循环血液。对我们预期的目的来说，可喜的是，去神经心脏的心率完全不受动脉压变化的影响；实际上，除去温度变化之外，影响心率的唯一作用因素是种种化学物质。举例说，去神经心脏对流经血管的肾上腺素的极其轻微的增高也是高度敏感的。安勒普（Anrep）和戴利（Daly）发现，在十四亿份血液中有一份肾上腺素就能使猫的隔离心脏的心跳加快。拉波特（Rapport）和我还证实：通过血流带进来的肾上腺素量愈多，加速作用就愈强。心脏的反应是迅速的——从肾上腺开始释放肾上腺素后 10 秒钟内脉搏就加快了。

我们用去神经心脏作为在“急性实验”中观察肾上腺分泌的一种指示器（急性实验指在实验时所用动物还未从麻醉中清醒过来），同时也用于经心神经切断手术已苏醒过来的动物身上所做的实验。接受这种手术的猫很快就恢复活力，并且在一切外部表现上都和其他的猫没有区别。它们和完全健康的猫一样一直在实验室内生活下去。

布利斯，麦克伊弗和我利用去神经心脏作为血中肾上腺素增加的标志，我们发现，在使用一剂胰岛素之后出现的血糖下降，对于未麻醉的动物来讲其临界点在70毫克%左右，对于麻醉了的动物则稍高一些。如图18所示，血糖浓度下降时，在到达临界点以前，心率无变化。但一当到达临界点，去神经心脏的心律立即开始加快，如果糖浓度继续下降，则心率继续增加，加到极大值为止。

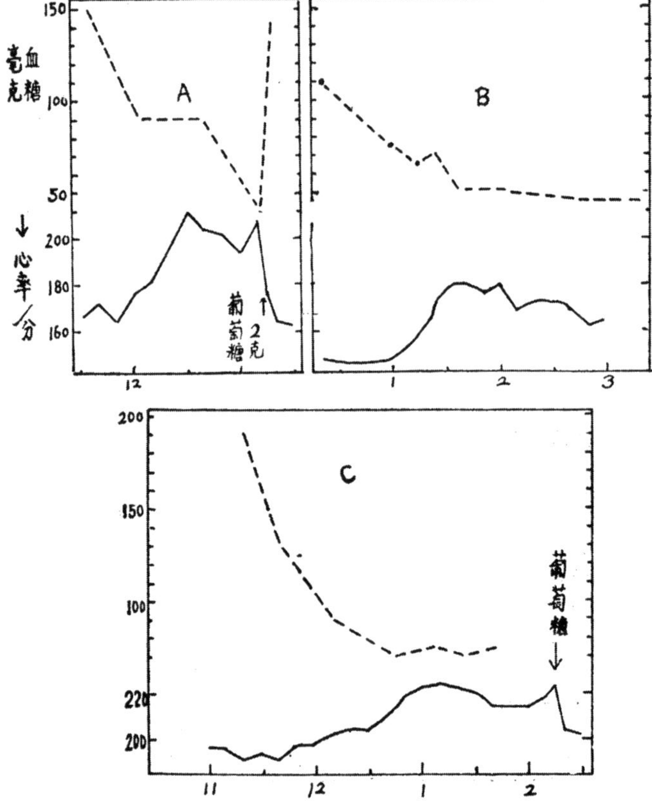

图18：氯醛糖(chloralose)麻醉下动物血糖浓度(虚线)下降到达临界点时去神经心脏节律(实线)增加。在A例，胰岛素注入颈静脉时间为11:33；B

例为 11:08;C 例为 9:30。每例注射剂量为 4 单位/公斤体重。

如果事先摘除肾上腺,或一侧摘除而另一侧仅去其神经,则如图 19 所示,血糖百分率的下降并不伴随着心率的增加。因此,证据是明显的:图 18 中所记录的心动加速,并非由于胰岛素对心脏或是对肾上腺的直接作用,而是由于对交感神经冲动发生反应而导致肾上腺素释放增多的结果。

现在看到了一个有趣的事实,如果说去神经心脏的心率由于低血糖而加快,那么如在图 18 中所看到的,一次葡萄糖的静脉注射可迅速使心率下降到原有水平。换言之,血糖浓度的减少会引起交感-肾上腺机制产生作用;此机制的效应是通过从肝内糖元储备中释放糖来增加血糖;如通过注射增高血糖而无需交感-肾上腺作用时,该作用几乎立即就中止。

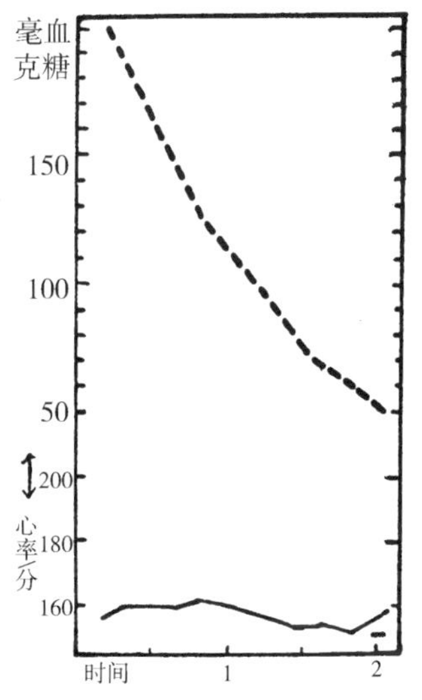

图 19:氯醛糖麻醉下动物血糖浓度(虚线)下降到临界范围以下时,去神经心脏节律(实线)未出现增快。19 天前左肾上腺已摘除,并切断右内脏神经和肝神经,于 12:19 静脉注射胰岛素(4 单位/公斤)。

图 18 表明了交感-肾上腺机制在事实上能产生作用来增高糖百分率的证据,当交感-肾上腺装置发生作用时,可看到血糖百分率下降速度有所减慢,这就是说,血糖曲线趋向低平。心率增加及血糖下降受到阻止,二者都是交感-肾上腺作用的反映。的确,若非使用过量的胰岛素,去神经心脏的

心率增加(要记住它是交感-肾上腺作用的信号)就会同时伴有血糖百分率的增高,而反过来后者又导致心率的下降。

图 20 说明交感-肾上腺系统在防止血糖发生干扰性下降方面的保护作用。注意两侧肾上腺均有神经支配的正常组猫,在注射2—3 单位/公斤(约 2 磅)不等剂量胰岛素后的表现。其中只有 1 例发生了惊厥,而且是在注射后 3 个半小时发生的。把这组动物和另一组比较一下,后者的一侧肾上腺被摘除,另一侧去掉神经,即这一组动物的肾上腺已不起作用。要注意看到,除 1 例外只用了 2 单位/公斤剂量的胰岛素。除 3 例外全部发生惊厥,而且一般都在注射后一个半小时左右发生。

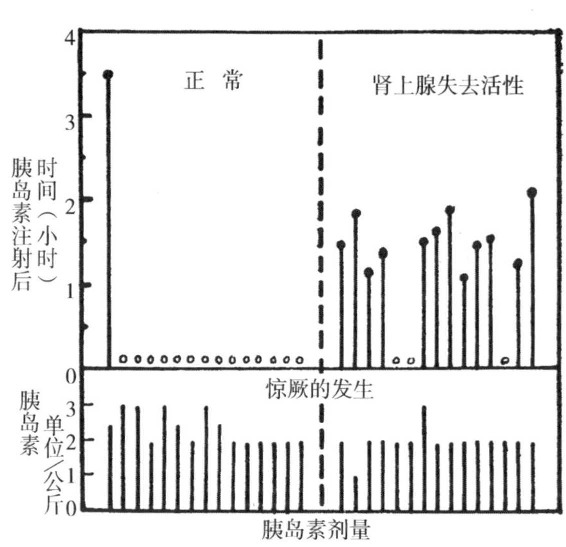

图 20:图中表示一组具有正常神经支配的肾上腺的猫和另一组肾上腺一侧摘除另一侧去神经的猫,皮下注射胰岛素后发生惊厥与否的比较。

肾上腺的释放在惊厥发作期间最为旺盛。如果肝脏有充分的糖元补充,则单靠交感-肾上腺系统的这种作用就能使血糖恢复到正常水平,从而完全排除了能引起惊厥发作的条件。图 21 引自麦克利奥(Macleod)及其同事的一篇著作,十分清楚地表明了这种效果。

我们关于低血糖能引起交感-肾上腺装置发生作用的结论,得到了阿部(Abe)和候赛(Houssay)等的肯定。阿部用去神经的虹膜来反映胰岛素使血糖下降时肾上腺素的大量排放。候赛、路易斯(Lewis)和摩立奈利(Molinelli)曾向一只麻醉狗的静脉通入另

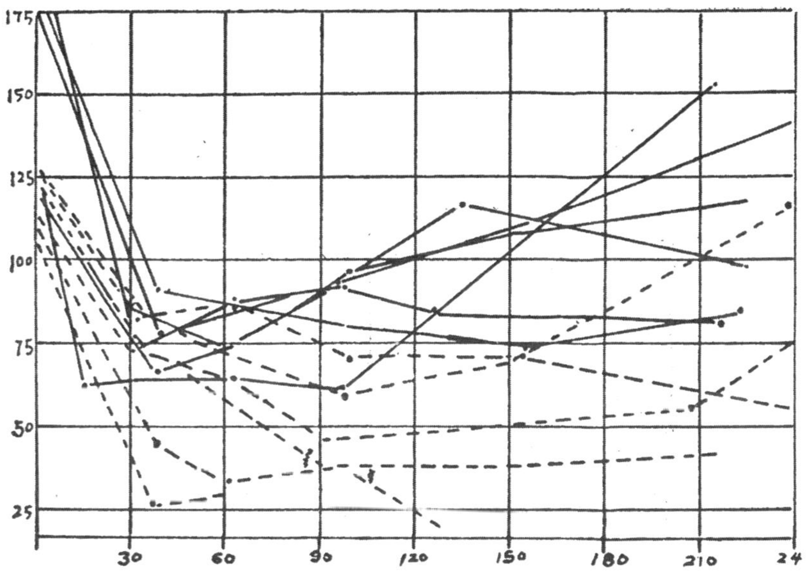

图 21:图示相同剂量的胰岛素对饱食(实线)和饥饿(虚线)兔的不同效应。注意饱食兔的血糖水平下降到接近发生低血糖状态的临界水平,然后多数又回升。(引自 Macleod:“The Fuel of Life”)

图 22:去大脑皮质后表现假情绪现象的动物的血糖。

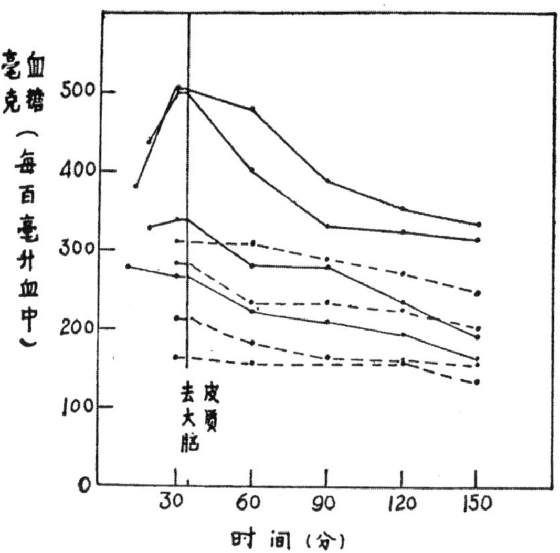

图 23:表现假情绪现象的去大脑皮质动物血糖;实线代表去肾上腺者,虚线代表摘除右肾上腺并切断左内脏神经者。

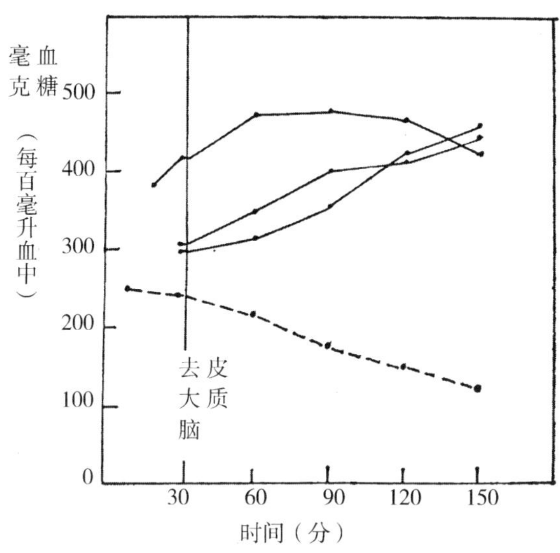

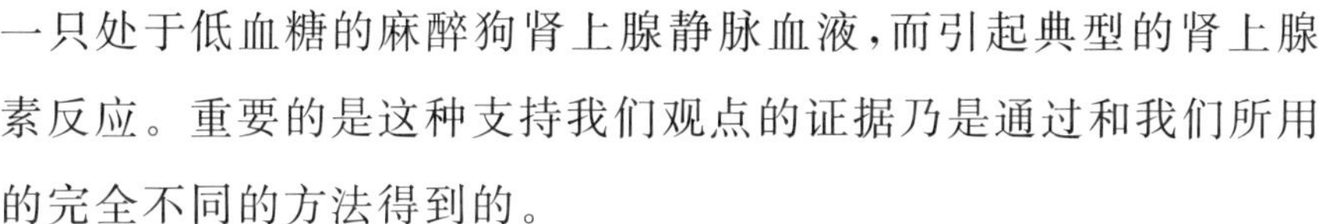
图 24：处于假情绪状态的去大脑皮质动物血糖；实线代表肝神经切断而保留肾上腺者，虚线代表无肾上腺者。

一只处于低血糖的麻醉狗肾上腺静脉血液，而引起典型的肾上腺素反应。重要的是这种支持我们观点的证据乃是通过和我们所用的完全不同的方法得到的。

同样能充分肯定的事实是，失去了肾上腺髓质机能的动物对胰岛素特别敏感。我们曾在猫身上证实了它，这一点前面已有说明。对此，路易斯用鼠，桑德伯格（Sundberg）用兔都得到了证实，而阿里恩（Hallion）和盖耶（Gayet）在狗身上也看到了同样的现象。与这些相一致的是伯恩（Burn）所得到的结果。他用麦角胺这个药物专门使交感-肾上腺系统失去作用。他发现，在正常动物身上只引起轻度效应的一剂胰岛素，在麦角胺化动物则引起极度低血糖，并发生惊厥和虚脱。显然，交感-肾上腺系统机能是通过防止由于液床中血糖水平下降而引起的严重不稳定的效应来保护

机体的。

V

在肝脏释放葡萄糖过程中神经与体液因素的相对重要性是一个颇为使人感兴趣的问题。比较更有力的作用因素究竟是释放到肝细胞内的神经冲动，还是血中肾上腺素增加的影响呢？布利顿和我在数年前发现，迅速切除大脑半球并立即停止麻醉能引起狂怒这种生理现象的一种异常表现——称为假性或模拟性狂怒，因为失去大脑半球的结果是动物已无辨别能力。布拉塔奥（Bulatao）和我曾观察到，在出现模拟性狂怒中的竖毛、瞳孔扩大、心率增快、血压升高及其他交感神经作用等体征的同时，还出现了血糖的增加，如图 22 所示，升高到正常百分率的 5 倍。如果使肾上腺失去活性而保留肝的神经，则如图 23 所示，模拟性狂怒并不伴随着葡萄糖的增加而增加。反之，如果切断通向肝的神经而完整保留肾上腺的神经支配，则兴奋体征可伴有与保留神经动物几乎相同的高血糖现象。这在图 24 中可看到。因此看来，对肝的糖释放来说，肾上腺分泌的增加比神经冲动的直接作用是更为重要的因素。这个结论得到了布利顿的支持，他在猫身上用外科方法处理并待其恢复后用吠叫的狗进行恫吓，对所产生的状态进行了研究。在具有肾上腺神经支配而肝失去神经联系的动物身上很快就发生了高血糖现象，但在相反情况下就未发生。

在自然状态下分泌的肾上腺素比神经冲动更为重要这一证据，不能被解释成可以完全排除神经冲动对糖元（向葡萄糖）分解过程所起的作用。在摘除两侧肾上腺后，感觉刺激或大剂量胰岛

素仍可引起高血糖[①]。这些效应可认为是神经冲动对肝细胞的直接作用所引起的，也有可能是(麻醉)窒息所致。

VI

本章的基本思想旨在说明保持血糖稳态的两种拮抗装置的作用。这一思想在图25中以图解形式表示出来。如汉森(Hansen)所指出，糖在血中浓度有一个相对狭窄范围的正常摆动。这种上下波动可能来自降低或升高血糖水平的互相对立因素的作用。如已知的升糖装置(正常情况下主要是交感-肾上腺装置)未能从肝储备中把糖动员出来，血糖水平就从70毫克%左右下降到45毫克%左右，于是出现严重症状(惊厥和昏迷)。70到45%之间的范围可视为安全界限。反之，如降糖装置——胰岛装置(即兰格汉氏岛细胞或处于迷走神经控制下的那些细胞)失效，则血糖水平上升到约180毫克%，糖就开始以高于再吸收水平的浓度进入肾小管，因而其中一些糖就从机体丢失。从100或120到180毫克%的范围可看做是节省界限；超过这个界限，稳态作用就要依靠耗费掉糖中所含能量来保持，而躯体本来是可以把它以葡萄糖形式吸收到血液中来消费这种能量的。

我特别把侧重点放在血糖水平的调节作用上，因为它比任何其他靠转化方式储存的物质的调节得到更加充分的说明，而且也因为它很好地说明了机体内具有保持平稳的生存过程的出色装

① 这里指大剂量胰岛素引起低血糖后复通过交感神经作用而造成的反应性血糖升高。——译者

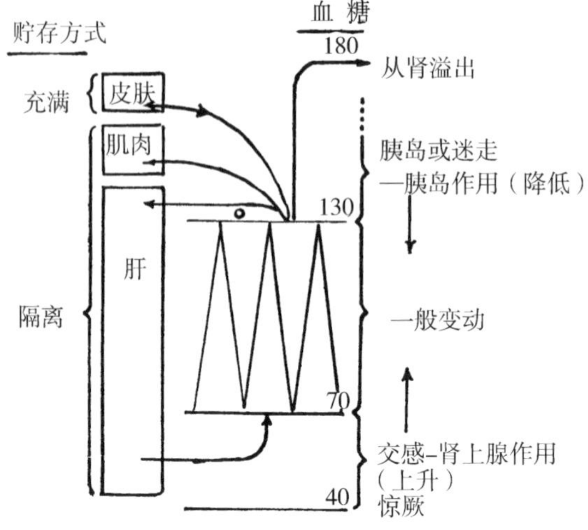

图 25:图示维持血糖稳态的装置的作用。

置。向一个方向或另一方向的过大变动都具有不良的后果。在血糖浓度的管理上我们已经看到,正常情况下这些不利效应通过一些装置的作用而得以避免,这些装置能在这种变动尚未过分发展之前对血糖浓度加以控制。很可能其他靠转化方式储存的物质也得到同样周密的调节,但遗憾的是我们关于这些物质调节机制的知识不如对糖类方面的知识那样充分。

参 考 文 献

Abe. *Arch. f. exper. Pathol. u. Pharmakol.*, 1924, ciii, 73.

Anrep and Daly. *Proc. Roy. Soc.*, London, 1925, B xcvii, 454.

Britton. *Am. Journ. Physiol.*, 1925. lxxiv, 291.

Britton. *Ibid.*, 1928, lxxxvi, 340.

Bulatao and Cannon, *Ibid.*, 1925, lxxii, 295.

Burn. *Journ. Physiol.*, 1923, lvii, 318.

Campos, Cannon, Lundin and Walker. *Am. Journ. Physiol.*, 1929, lxxxvii,

680.

Cannon and Britton. *Ibid.*, 1925, lxxii, 283.

Cannon, Lewis and Britton. *Ibid.*, 1926, lxxvii, 326.

Cannon, Mc Iver and Bliss. *Ibid.*, 1924, lxix, 46.

Cannon and Rapport. *Ibid.*, 1921, lviii, 308.

de Corral. *Zeitschr. f. Biol.*, 1918, lxviii, 395.

Folin, Trimble and Newman. *Journ. Biol. Chem.*, 1927, lxxv, 263.

Gayet and Guillaumie. *C. r. Soc. de Biol.*, 1928, cxvii, 1613.

Haillion and Gayet. *Ibid.*, 1925, xcii, 945.

Hansen. *Acta. Med. Scand.*, 1923, lviii. Suppl. iv.

Homans. *Journ. Med. Research*, 1914, xxv, 49.

Houssay, Lewis and Molinelli. *C. r. Soc. de Biol.*, 1924, xci, 1011.

Lewis. *Ibid.*, 1923, lxxxix, 1118.

Mann and Magath. *Arch. Int. Med.*, 1922, xxx, 73.

McCormick Macleod and O' Brien. Trans. *Roy. Soc. Canada*, 1923, xvii, 57.

Minkowski. *Arch. f. exper. Pathol. u. Pharmakol.*, 1908, Suppl. Bd., 399.

Sundberg. *C. r. Soc. de Biol.*, 1923, lxxxix, 807.

Zunz and La Barre. *Ibid.*, 1927, xcvi, 421, 708.

第七章　血液蛋白的稳态

I

蛋白食物完全和糖类一样重要；甚至可以说其重要性胜过了糖，因为它不但含有储备的能量，而且还有某些化学元素，包括作为躯体构造中基本成分的氮。所以，对躯体细胞结构的原始组建，对机体磨损或消耗部分的修补、复原，以及对血液正常胶体成分的供给，蛋白都是必需的。

由于躯体机器在其执行日常任务中承受的压力及其本身的活动，它不断受到摩擦损耗和小的损伤。机体的专门维持需要蛋白。在繁重而长时间的肌肉工作当中，蛋白的大量需要似乎不像糖类会遇到的那样紧迫，但在躯体结构的一切部位中所发生的微小破坏，总起来看，是很可观的，也是不可避免的。

用于修复和维持的蛋白供给可以不是连续进行的；在文明人当中，一日必不超过三餐；而在野生的食肉动物中，食物可供利用的蛋白只是偶尔得到补充。面对蛋白的经常需求和定期摄入，能不能有所储备以应不足之需呢？在蛋白食物被消化和吸收到体内后，蛋白分子上含氮部分迅速离解并很快地由肾排出，这反映了蛋白储备的积累肯定是有限的。但尽管有限，还会有所储备。

有证据说明蛋白实际上是积存在体内的贮藏部位中。托马斯

(Thomas)曾靠计算过的高蛋白饮食生活了一个时期。然后他停止吃蛋白食物，又靠纯糖类饮食生活了8天，其摄入量经过计算证明足以供应日常活动的能量。在这个时期内，通过肾丢失的氮逐渐减少直到固定在每天2.2克。他认为这个数量反映着躯体不可避免的“损耗”，也就是躯体结构在使用过程中的裂解。以相等的耗损率来计算8天中氮排出总量应在18克左右(8×2.2=17.6)。因为实际上他丢失了66克，他推测这个差，即48克(66－18)一定是原先储备在体内的。蛋白约含⅙的氮；因此储备蛋白约为300克(6×48)，接近⅔磅。

布斯比(Boothby)用过另外一种计算方法。有一种蛋白分子的组成物质——肌酐，由于它在尿中十分恒定，而且在摄取蛋白食物时变化不大，因而被当作细胞生活的伴随物，用以测量必然进行于细胞中的分解过程。一个叫列凡钦(Levanzin)的职业受试者在31天的饥饿状态中丢失了10.7克肌酐。计算表明这代表了躯体结构中分解出来的62克氮。但列凡钦在饥饿期间丢失的氮是277克。因而，看来那215克(277－62)并非原来合成到躯体结构中的，而是处于储存蛋白状态中的。

但是关于蛋白在机体内的贮藏还有更多的直接证据。用显微镜对肝细胞进行观察，以及对其成分的化学分析结果支持了下述结论：和贮存糖类一样，肝也能储藏蛋白。阿法那西耶夫(Afanassiev)在1883年观察到，如对一只狗喂以富有“白蛋白类”饲料，则肝脏变得坚实而有抵抗力，而且肝细胞形态变大，并在结构索间含有蛋白颗粒，这个观察结果被更近期的一些研究所肯定。这些近期研究还表明，当给动物以大量蛋白食物时，在肝细胞中就会出现细微小滴或团块。它们对蛋白化学试验(米伦氏反应)呈阳性反应;这无疑证明了它们是由简单蛋白组成的,它们在动物处于饥饿时会消失掉,而在喂以蛋白时又再现出来。

肝细胞的镜下观察结果与塞茨(seitz)和梯希门内夫(Tichmeneff)所作的生物化学分析的结果相符。塞茨在饥饿动物和经过类似饥饿后再喂以小牛肉(它不含脂肪和糖元)的动物身上测定了肝含氮量与躯体其余部分含氮量的比例。他发现喂肉的动物和饥饿动物一样,肝中所含的氮比躯体其他部分的含量高出 2 至 3 倍。梯希门内夫的类似试验也得到相似证明。他把一组小鼠饿了两天,然后杀死其中一半。他对其余动物饲以大量熟肉,并在经过一定时间的消化和吸收后也同样将其杀死,然后他比较了两组动物的肝脏。结果以对本身体重的百分比来表示,则喂肉动物肝脏重量约多 20%,但该组动物肝的含氮量则要多出 53%到 78%。

根据所有这些证明看来,显然在肝内有像糖类那样多量的蛋白在细胞内储存或沉积着。另外,和糖的储存一样,它的储存形式比运输形式更为复杂,正如循环中的葡萄糖是以糖元形式存放着一样,循环中组成蛋白的氨基酸则以蛋白形式储存起来。

II

我们考察了蛋白储存的证据,它们是分散在肝细胞中。这种肝内储存具有价值的证据在哪里呢?

血液是机体的组成部分之一,从血液中可以定量地分离出蛋白,并测定其更新的速度和程度。人们在血浆中已经发现三种不同的蛋白——一种白蛋白,一种球蛋白,还有一种特殊蛋白即纤维蛋白元，它属于球蛋白一类并与血液的凝块形成有关。白蛋白和球蛋白彼此在许多方面相类似，但白蛋白溶于纯水，而球蛋白则必须有盐的存在才能保持其溶液状态。血浆中蛋白总量约为6％，其中纤维蛋白元只占一小部分(0.2—0.4％)。

血浆蛋白是血液的组成部分，不是通过循环输送、供养远位组织细胞的营养物质。这种说法的根据可从下述事实中看到。不论在饥饿状态下还是在一个时期以高蛋白摄食后进行测定时，都看不到血浆蛋白的百分比的规律性发生变化。其次，如果人为地使之减少，尽管给以丰富肉食，其恢复是缓慢的，可延续数日之久。最后一点是，在没有蛋白食物摄入的情况下仍能得到恢复。

通常血浆中蛋白的浓度是明显地恒定的。这种恒定的重要性主要与这些蛋白作为一种胶体所具有的机能有关。由于能产生渗透压并且不会很快渗出毛细血管壁，这些蛋白能防止血浆中盐溶液自由渗出到血管周围间隙或通过肾小球漏至体外。关于这种血浆中胶体机能的一些问题我们在前面讨论液床的维护及其水分供给控制的诸因素时已经了解到了。

巴尔克洛夫特(Barcroft)和史特劳普(Straub)所做的实验提供了说明血浆蛋白在保持血液中水和盐含量方面的重要性的若干例证。他们取出大量兔血并用离心沉淀法从血浆中分离出血细胞。然后他们将血细胞混合在与血浆等量并含有与血浆等比例的相同盐类成分的盐溶液中。他们将这种细胞悬液注射到该兔的静脉中使之与动物血液其余部分立刻混合。这样做的结果，唯一的重要区别在于血浆中胶体成分的减少。尿的排出迅速增加到原有速度的40倍之多！无疑，这种增加的部分原因是通过肾小球囊的滤出速度很快，以致迅速通过肾小管而几乎没有机会再行吸收。这个实验清楚地证明了血浆蛋白在保持血中水和盐分的突出的重要性。

但是，血浆蛋白的稳态还不仅是血容量稳态的必要条件；其中的一个成分——纤维蛋白元，由于它在出血情况下对血液凝固所起的作用，因而它对保存血液本身是必不可少的。因此，躯体液床本身之所以能够存在要取决于血浆蛋白的恒定性。

III

我们现在来探讨血浆中蛋白百分率赖以保持均衡的方法，有关这种方法的资料主要来自 G. H. 惠普尔（Whipple）及其同事的实验。他们反复从动物身上采血，照前一节的方法将其混悬于生理盐水溶液后又输回血循环内。他们用这种办法把血浆蛋白从6%减少到 2%左右。在后来的实验中甚至减少到 1.5%和0.9%。在所有的实验中，血浆中蛋白的百分率立即迅速上升。在最初 15 分钟内就增加了 10 到 14%，而在 24 小时内就恢复了损失量的 40%。看起来很可能，这种恢复相当一部分是相对性质的——就是说，这是由于血浆中胶体成分减少，水和盐逸出到淋巴间隙并由肾排出，因而留下的胶体就变得浓缩起来了。因此对这种血液样品的测定就可能错误地反映出蛋白已经或多或少地得到了恢复。惠普尔对关于他的结果所作这种解释提出了异议，他发现如果在肝循环（通过一个“艾克氏瘘管”）建立旁路，使来自消化道的血液不经过肝脏而直接进入下腔静脉（见图 1），则看不到这种迅速恢复。他还观察到纤维蛋白元的恢复不像其他蛋白那样快，如果这种恢复用血液单纯浓缩来解释，自然不应发生这种情况。除了这些以外，试验结果也证明了血液并不发生明显的浓缩。他由此得出结论：血浆蛋白在一度减少后早期的急剧增加，是由于储存蛋白的释放，而并非由于盐溶液穿过毛细血管壁逸出造成的浓缩。将血细胞事先悬浮在用阿拉伯胶这类另外的胶体代替血浆白蛋白、球蛋白的盐溶液后，所看到的血细胞的恢复可能对浓度的迅速上升进一步提供了决定性的证明。不管怎样，以后的缓慢地上升到正常水平，无疑是某种恢复作用的结果。如前所述，在最初24小时内血浆蛋白恢复到损失量的40%。此后该过程变得比较缓慢，直到2至7天内达到正常状态为止。在这种恢复过程中，肝脏所起的作用可从上面提到的在肝门脉循环建立旁路的效果中得到说明；在带有艾克氏瘘管的动物，血浆蛋白下降后头三天中完全看不到回升。而且像氯仿或磷这一类物质的作用给肝脏造成的损伤可使这种恢复过程明显地延缓。

纤维蛋白元与其他蛋白有所不同。如前指出的，在最初的15分钟不发生迅速回升。出血本身的确可能使纤维蛋白元从储存中充分释放出来。另一方面，血浆纤维蛋白元的比率在24小时末就恢复正常，或者还可能提前一些。如果排除了肝脏的作用，就不再发生这种非常迅速的回升了。

IV

虽然关于血浆蛋白稳态的实验表明，在需要这种物质的时候肝脏是它的一个重要的来源；虽然上面引用的证明支持了肝脏是蛋白的一个储存场所的看法，但是关于储存和释放的方式我们几乎完全无知。诚然，史梯贝尔（stübel）已经观察到了肝细胞内小的蛋白颗粒或团块通过皮下注射肾上腺素可以大大减少。如果这些团块物质有助于供给血液凝固所必需的蛋白成分，就像纤维蛋白元依赖于肝脏的意义一样，则此种物质在肾上腺素和交感-肾上腺机制兴奋条件下引起的释放可能用以说明某些血凝加速现象。如我在第二章中所指出的，在注射肾上腺素后，或在刺激内脏神经后，或因大量出血使交感神经发生作用之后，都有血液凝固的加速，但都要在血液能够流经肝脏和肠道的条件下才能产生。同样属于这类作用范围的是，在低血糖极期，当交感-肾上腺活动处在高峰时，血液的凝固是非常迅速的。

最近里克（Riecker）和文特（Winters）发表了关于注射肾上腺素对血液纤维蛋白元影响的一个有趣的实验报告。他们利用凝块中纤维蛋白的形成作为测定纤维蛋白元的手段，发现对狗和人皮下注射肾上腺素都能在短短几分钟内引起血液中纤维蛋白成分的明显增加。增加的平均最高值为 36.3%。与此变化相平行的是凝血时间的缩短，平均约 60%。由于福斯特（Foster）和惠普尔还有米克（Meek）提供了纤维蛋白元来自肝脏的证据，并由于发现了肾上腺素有刺激肝细胞把储存的糖元变为葡萄糖的作用，因而可以相当地肯定，肾上腺素或交感-肾上腺装置至少也能以类似方式从肝储备中释放纤维蛋白元。

很可能，蛋白还储存在肝以外的其他地方，同样可能的是，甲状腺是控制储存与释放的重要因素。布斯比，桑迪佛（sandiford）和司洛斯（Slosse）曾经提出报告：当能够加速体内氧化过程的甲状腺素把机体的代谢率提高到一个新水平时，在均衡的氮摄入下可以出现负氮平衡(即躯体有氮的亏损)。当代谢率提高之后,体内氮的储存就较前减少。如果一旦甲状腺的分泌停止(在氮的均衡摄入不变的条件下),就会得到氮的正平衡,使得代谢率下降到一个新的较低的水平;这也就是说,机体有了较多的氮积存。这些效应在一个患黏液水肿的人身上要明显得多(和正常人比较)。的确,如布斯比所作的推测,黏液水肿的"水肿"可能是皮内及皮下部分积存的蛋白量的一种异常情况。甲状腺治疗对减少黏液水肿病人组织内白蛋白[①]的效果,支持了认为甲状腺在某种程度上参与了蛋白调节与代谢的观点。

虽然前面的讨论着重表明血浆蛋白的稳态对于维持机体血管内外液床的容量与特性以及对于保卫机体免于丢失液床中的不可缺少的成分——血液都具有头等的重要性,但这些讨论也说明了还有多少问题仍有待探求。在这里,和其他有用物质一样,恒定性要靠位于充足和缺乏之间的储存来达到,而在这方面肝脏起着一个重要的作用。交感-肾上腺系统似乎影响贮藏物质的释放。甲状腺不同的机能活动也可能有决定作用。在储存过程的管理上是否还需要一些特殊的动因?我们对此尚不了解。

参考文献

Afanassiev. *Pflüger's Arch.*, 1883, xxx, 385.

Boothby, Sandiford and Slosse. *Ergebn. d. Physiol.*, 1925, xxiv, 733.

Foster and Whipple. *Am. Journ. Physiol.*, 1922, lviii, 393, 407.

Meek. *Ibid.*, 1912, xxx, 161.

① 目前认为是黏蛋白。——译者

Riecker and Winters. *Proc. Soc. Exper. Biol. and Med.*, 1931, xxviii, 671.

Seitz. *Pflüger's Arch.*, 1906, cxi, 309.

Stübel. *Ibid.* 1920, clxxxv, 74.

Tichmeneff. Biochem. *Zeitschr.*, 1914, lix, 326.

Thomas. *Arch. f. Physiol.*, 1910, 249.

Whipple, Smith and Belt. *Am. Journ. Physiol.*, 1920, lii, 72.

第八章　血脂的稳态

I

血液中一律都含有一定浓度的乳化为微细小滴的脂肪，还有类脂物质——胆固醇和卵磷脂，按照布罗尔（Bloor）的说法，这种浓度在不同的动物种属间存在着很大的差异，但在同种内是十分一致的。脂肪和糖一样，由碳、氢和氧组成，但它含的氧比糖少得多（即相对含有更多的碳和氢）。卵磷脂不仅含有这三种成分，还含有氮和磷。

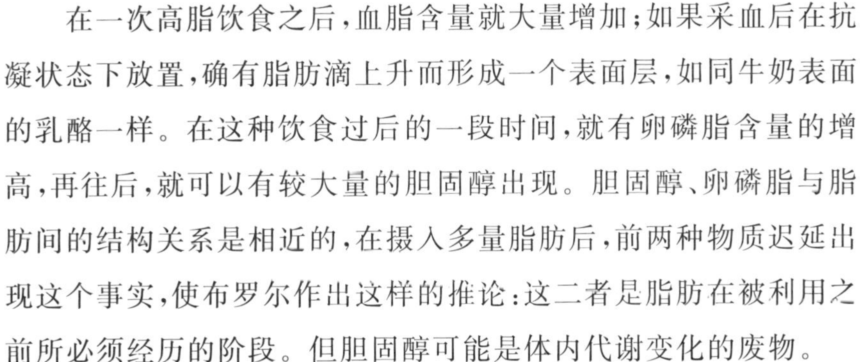

在一次高脂饮食之后，血脂含量就大量增加；如果采血后在抗凝状态下放置，确有脂肪滴上升而形成一个表面层，如同牛奶表面的乳酪一样。在这种饮食过后的一段时间，就有卵磷脂含量的增高，再往后，就可以有较大量的胆固醇出现。胆固醇、卵磷脂与脂肪间的结构关系是相近的，在摄入多量脂肪后，前两种物质迟延出现这个事实，使布罗尔作出这样的推论：这二者是脂肪在被利用之前所必须经历的阶段。但胆固醇可能是体内代谢变化的废物。

卵磷脂是唯一的能够与水混合的无毒性脂肪酸的化合物，因此它能够大量地通过水来输送。布罗尔因此设想，卵磷脂是脂肪由一处向另一处转移的形式，恰如葡萄糖是糖的输送形式一样。照此看来，卵磷脂应是组织中储存脂肪的前身，而这些储存脂肪在进入血液以供分配和利用时应变为卵磷脂。有某些证据支持这种设想,因为麦格斯(Meigs)曾发现,在牛的泌乳过程中,血液通过乳腺之前和之后,血浆中的卵磷脂的数量值有差别,这足以计算出分泌的乳汁中的全部脂肪含量。

II

脂肪在躯体中的用途不只是为了生乳,而且是一种能量来源。它的成分中所具有碳和氢的较高比例,使它包含的能量为同量的糖所含有的能量两倍以上。它是热量的集中来源,也能被机体用来进行肌肉劳动。

众所周知,脂肪能够储存在体内成为脂肪组织。我们已注意到糖能够转变为脂肪,而且这种脂肪在脂肪组织内的储存要比糖元更为牢固。脂肪组织是一种特殊形式的结缔组织。它分布于皮下、在腹腔背侧肾的周围以及网膜(一种附着在胃上的膜所形成的围裙状皱襞)之中,也分布在肌纤维之间。脂肪滴几乎充满了脂肪组织无数细胞中的每个细胞,以致细胞的原有结构被向外挤到一边,变成了一个塞满脂肪物质的薄囊。在肌肉细胞内也能发现一些脂肪,肝细胞内也有,特别是在进食多量脂肪类食物之后。因此,脂肪显然是以转化方式储存的,不是通过泛溢方式储存的。

究竟什么因素使某些人能有大量的脂肪储存——有时其量大到怪异的程度,而在另一些人则其量很少呢?这一点现在还不甚了解。我们知道在甲状腺机能不足时,可以因全身性的脂肪积聚而发生极度肥胖。面部、颈部、肩部、躯干、臂部和腿部,所有这些部分都由于皮下脂肪的聚集而胀满起来。我们还知道,大脑下部表面的一个特殊小块区域的轻度损伤能产生实验性肥胖，在人类可因这一部位的肿瘤或其他损害产生这种后果。格拉夫(Grafe)引用了人体单侧的脂肪组织过度生长或生长不良的例证，提出脂肪储存和输出的调节是受交感神经系统的控制的，他还提出这种控制中枢就在大脑损伤后引起肥胖症的那个部位。纽顿(Newton)、摩尔(Moore)和我用一种后面将提到的方法从小猫身上摘除了一侧交感神经系统，并让它们生存到体重增长1倍，但是我们并未看到在其躯体两侧脂肪的量或分布上有任何差异。

III

如果说脂肪储存的调节还不清楚，那么对其输出来说更是如此。当需要脂肪以维持躯体能量——比如在饥饿时，脂肪就从脂肪组织中被动员出来直到脂肪细胞实际上变空为止。如拉斯克(Lusk)所说："在饥饿状态下生命的长短一般决定于原来机体中脂肪的含量。"在许多天的相对或完全的饥饿状态下血脂百分率的恒定性，说明存在着动员脂肪从储备输往血流的某种控制装置。这种装置究竟是怎样发生作用的，我们还不知道。

卡斯尔(Kastle)和勒文哈特(Loevenhart)曾发现一种酶，它能使一种类脂肪化合物发生可逆反应；当这种化合物存在过多时，它就分解为两个组成成分，而当后者过剩时，它们又结合成原化合物。有可能在脂肪代谢管理的机制中发现某种能以自动方式起作用的装置——血脂水平升高时能加强储存过程，而在血脂水平下降时又加强输送过程。

希姆维奇(Himwich)和司皮尔斯(Spiers)近来的研究揭示了

另一种可能性。他们发现给动物注射一针中等剂量的肾上腺素，能在一个较短时间内使血中脂肪含量几乎增加1倍。而据希姆维奇和富尔敦(Fulton)更近的发现，这是一种生理反应。他们把一只猫放在正吠叫的狗面前来恫吓它，因而使之分泌肾上腺素，这时血中脂肪浓度一律都增高了，在一例中接受兴奋刺激15分钟后增高达250%之多。希姆维奇和司皮尔斯还注意到，注射胰岛素不仅引起血中糖含量的减少，还造成血脂含量的下降。这些有趣的观察都是最近发表的报告，它们可能是血脂稳态最新研究的开端。我们肯定还需要比现有的更多的情报资料。

参考文献

Bloor. *Physiol. Rev.*, 1922, ii, 106.

Cannon, Newton, Bright, Menken and Moore. *Am. Journ. Physiol.*, 1929, lxxxix, 84.

Grafe. *Oppenheimer's Handbuch der Biochemie*, 2nd Ed., Jerna, 1927, ix, 68.

Himwich and Fulton. *Am. Journ. Physiol.*, 1931, xcvii, 533.

Himwich and Spiers. *Ibid.*, 1931, xcvii, 648.

Kastle and Loevenhart. *Am. Chem. Journ.*, 1900, xxiv, 491.

Lusk. *The Science of Nutrïtïon*. Philadelphia, 1921, 100.

Meigs. *Journ. Biol. Chem.*, 1919, xxxvii, 1.

第九章　血钙的稳态

I

在我们讨论关于氯化钠的充满式储存时我就说过我们将在后面一段里提出血液中另一种矿物质成分——钙，因为对它的处理方式是十分不同的。事实上，钙通过一种特殊的转化方式得到储存。它之所以值得专门提出来加以考察，还因为它在机体中有如此多和广泛的用途——骨骼和牙齿的生长，骨折的修复，神经和肌肉组织反应性所需特定条件的维持，血液的凝固作用，以及用以生成合乎要求的乳汁。

血液中钙的正常含量约为 10 毫克%。这种浓度发生改变是危险的。例如，利用注射枸橼酸钠所产生的效应将钙从溶液中析出而使血钙降低，则随之发作搐搦和惊厥动作，但通过注射足量的可溶性钙盐以恢复血中钙的固有浓度，则这些现象可很快地解除。此外，摘除颈部甲状腺近旁的四小块组织，即甲状旁腺，可使血钙下降到 7 毫克%以下，而对钠和钾的百分率则不发生任何影响。当钙浓度接近 5 毫克%时即发生惊厥。从静脉或经口给予钙剂能制止痉挛性收缩，但如血钙再次减少，则又复发。有人曾经提出这样的看法：摘除甲状旁腺所造成的实际障碍，其原因就在于血中钙/磷比率的下降，要恢复正常状态，就要增加钙来恢复固有的比率。

当血钙含量增加到超过正常水平时所带来的危险，来自血液本身黏性的严重改变。柯利普(Collip)通过反复注射一种甲状旁腺浸出液，发现能把钙浓度从 10 提高到 20 毫克%。但在这种情况下，血中非蛋白氮和脲氮增加到 4 倍，血中磷酸盐则增加到两倍，渗透压大大增高。血液就变得如此黏稠而几乎难于进行循环。在注射氯化钙和酸性磷酸钠时引起类似状态，但单独用其中一种则不发生。因此，血钙含量增高的严重后果一定伴随磷酸盐浓度的增高。显然血中钙的稳态是十分重要的一条。

II

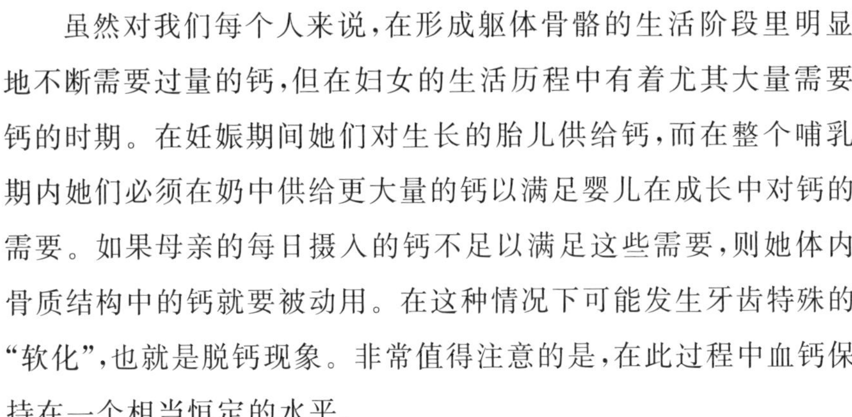

虽然对我们每个人来说，在形成躯体骨骼的生活阶段里明显地不断需要过量的钙，但在妇女的生活历程中有着尤其大量需要钙的时期。在妊娠期间她们对生长的胎儿供给钙，而在整个哺乳期内她们必须在奶中供给更大量的钙以满足婴儿在成长中对钙的需要。如果母亲的每日摄入的钙不足以满足这些需要，则她体内骨质结构中的钙就要被动用。在这种情况下可能发生牙齿特殊的“软化”，也就是脱钙现象。非常值得注意的是，在此过程中血钙保持在一个相当恒定的水平。

和其他物质的稳态一样，钙的稳态也是通过充足时建立储存——在此情况下使用转化方式——和需要时取出利用的方法来实现的。钙储存在何处？奥勃及其同事最近用猫和兔的研究证明，在连续长期给以缺钙饲料的条件下，中空骨的骨小梁很易消失，而饲以富钙饲料后，就很快恢复。兔置于高钙或低钙饲养条件下，数个月之后从肩部断离其左前肢；然后再给以相反饲料。经过一段同样长的一段时期后将动物杀死，每例都取出另外一侧腿的上段长骨（肱骨），拿来和对侧比较。不论是开始喂以高钙或低钙饲料的动物，其比较结果总是相符的；高钙喂养后取出的骨内有许多细小的骨针或骨小梁伸向骨腔，而其相反一侧，在低钙喂养后骨小梁极少。图 26 是按包尔（Bauer）、奥勃和阿尔布莱特（Albright）一篇论文中的照片画下来的，表现了我刚才描述过的特征性差异。图中表示一只猫的肱骨；该动物在高钙饲养下过了 80 天（见图上方），然后在低钙饲养下 369 天（图下方）。两种条件下骨小梁数量的差异是非常显著的。在其他例子中也看到类似差异。通过这些出色的研究更加清楚地看到，长骨的骨小梁具有很大量的表面以供钙的沉着和溶解，因而成为便于利用的钙的贮藏库。

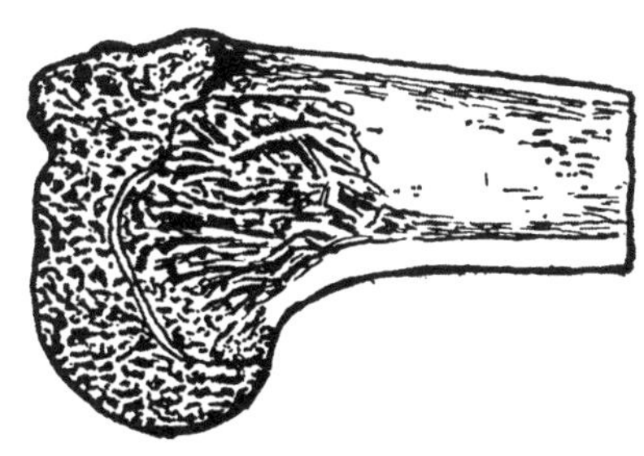

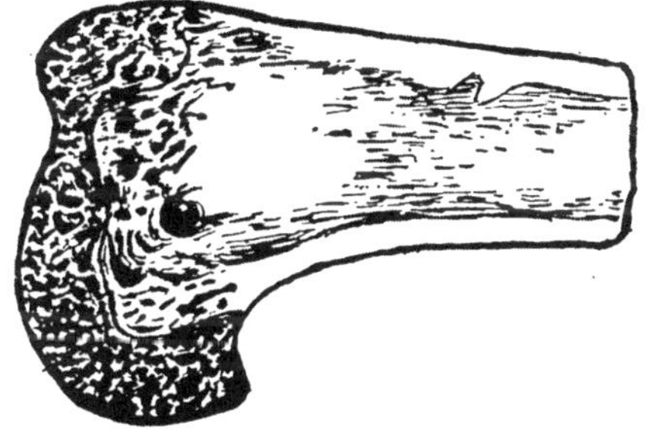

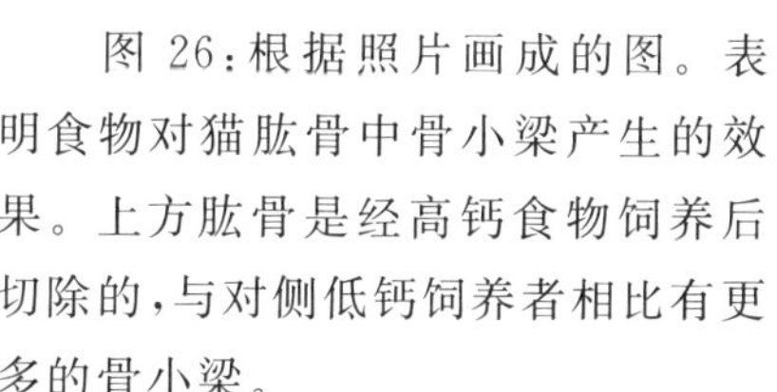

图 26：根据照片画成的图。表明食物对猫肱骨中骨小梁产生的效果。上方肱骨是经高钙食物饲养后切除的，与对侧低钙饲养者相比有更多的骨小梁。

钙的稳态如何得到调节，现在还不明确。已有的一些证据说明甲状旁腺与这种调节有一定联系。我们已经知道，部分或全部摘除这些腺体能造成血中钙含量的减少；还能造成生长中牙齿的牙质沉着不足以及骨折部位支持骨形成缺损。此外，低钙饮食——妊娠和哺乳也同样——能引起甲状旁腺的过度增生，而血中钙的比率没有任何减少。另外，某些以骨质钙化不良为特点的疾患，例如佝偻病和骨质软化症（骨的软化现象），伴有甲状旁腺的肿大——这种情况的确留下了因果关系上尚未解决的问题。最后，如艾德海姆（Erdheim）所证明，在一只事先摘除甲状旁腺的鼠身上再移植此腺体，能使摘除后已停止的牙齿上正常牙质沉着又得到恢复。甲状旁腺与钙代谢的控制有着密切的关系这一点是清楚的；但是如何来控制——究竟是直接作用还是靠神经刺激，究竟是单独起作用——通过本身活动性增减的变化来引起储存或释放，还是与机体中其他可能是相拮抗的装置协同作用，所有这些问题仍待探讨。

甲状腺可能与钙的稳态有关。投以甲状腺素，可以大大促进体内钙的丢失，不管他是正常人还是黏液水肿的患者。还有迹象说明，在甲状腺机能异常亢进的病例中，骨质或多或少要受到破坏，而且钙从躯体的排出增加。但这些仅仅是一种提示，在它们未受到实验的验证之前尚须持保留态度。正与蛋白和脂肪的控制一样，在这里也是如此，我们必须接受这样一个事实：对我们来说，幸运的是，这些物质在血中浓度保持着恒定；而遗憾的是，现有知识还不能告诉我们这是如何得以实现的。

至此，我们已讨论了血液中葡萄糖、氯化钠、蛋白和钙恒定性的有关事实。这些包括了决定血液渗透压的一些主要因素。马盖利亚（Margaria）在 20 到 45 岁年龄组的 18 名男性和 16 名女性身上测定了血液的渗透压。他们代表九个不同的国籍。所有受试者在（从臂静脉）采血前休息数分钟，但在饮食、试验时间，事前的活动等方面并未加限制。所得渗透压结果表现出惊人的一致；可能的个体差异,男性只有0.5%,女性只有0.6%。

参考文献

Aub, Bauer, Heath and Ropes. *Journ. Clin. Invest.*, 1929, vii, 97.

Bauer, Aub and Albright. *Journ. Exper. Med.*, 1929, xlix, 145.

Collip. *Journ. Biol. Chem.*, 1926, lxiii, 395.

Erdheim. *Zeitschr. f. Pathol.*, 1911, vii, 175, 238, 259.

Margaria. *Journ. Physiol.*, 1930, lxx, 417.

第十章　充足供氧的维持

I

我们躯体的细胞对氧的依赖要比我们从外部世界所能得到的任何其他物质都更为密切。职业性饥饿试验者证明，我们可以不依靠食物而靠利用躯体储备的糖元、脂肪和蛋白来生活几个星期，最后再靠我们自己肌肉和腺体的现有组织而不致发生任何可以化验出来的永久性的损伤。有过艰苦经历的人证明，我们在不摄入水的条件下也能过几天；无疑，也还是依靠利用机体所储备的水分。但是，对氧的需要来说，情况就不同了。脑部有重要的神经细胞，如果完全断绝氧气达 8 分钟以上，则发生无法恢复的严重破坏。可以合理地认为，这种特殊的差异是和人体管理上不存在氧的储备有关。食物和水不是经常地被接纳的，储存要靠充足时的积累而在短缺时加以利用。氧则与此不同，经常存在于我们周围的无限大量的空气中，约占其 21%。无论何时需要我们都可以得到它，因而不需要储存。

当氧的供应可能发生障碍时，各种情况自然就出现了。在出血状态下的这种情况我们已经讲过了。坐飞机升空或攀登高山而达到大气中氧分压大大减少的地带时，又出现另一种情况。照明气体或汽车废气的中毒——这种状态下循环红细胞中氧的位置被一氧化碳所夺去并与之牢固地相结合——也同样产生一种相对的缺氧血症。但这些或多或少地可以视为非自然状态。

机体连续不断的活动，诸如心脏的搏动，呼吸的节律性运动，骨骼肌经常的轻微收缩，都要求连续不断地输送氧气以供这些活动所产生的废物的燃烧之用。无论在什么时候，一当这些活动增加，例如在剧烈的体力劳动中，原来在休息状态下足够的最低限度的供氧将远远落后于新的需要。以致这种活动不能再继续下去。机器将因堆积废物的阻塞而很快地被迫停止运转。在此情况下稳态要靠加速（供氧的）连续作用来达到。

II

一个具有平均身材的人，在休息状态下氧的需要量只为每分钟 0.25 到 0.30 公升（夸脱）①。当他转入很重的体力活动时可增至每分钟 15 公升以上。但是即使在最有利的情况下，躯体吸入和利用大量氧的最大能力不过每分钟 4 公升。因此，在高度激烈的运动期间，氧的吸入量可达到休息期间的 10 到 12 倍，但仍远不足以满足当时的实际需要。

发生这种情况时，肌肉收缩的伴随产物乳酸就不能氧化成二氧化碳或再转化为其前质——糖元。结果是，乳酸蓄积在肌肉里。收缩可以继续进行，但由于这种酸浓度的增高干扰了收缩过程而使其效能降低。显然，大量的体力活动不能依靠即时的氧化作用。我们在一次剧烈活动中，比如在一次 225 码赛跑中所产生的乳酸，

① 1 夸脱（quart）约等于 1.14 公升。——译者

先是临时在肌肉和液床中得到中和，以后才被氧化，或转化为它的前质。这样我们进行工作的能力就可以远远超出当时输氧能力所规定的能量供给限度。但是乳酸在体内积存起来。这些乳酸是必须予以清除的。以乳酸钠形式存在于血液中的一部分乳酸可通过肾脏排出。但绝大部分是被氧化或再转化为糖元。这种氧化发生在运动停止之后。所以，我们固然能在供氧限度之外支借到继续工作的能力，但必须是在后来吸入足够的氧气以氧化所积存的废物为条件。这样我们就增加了希尔（Hill）所说的“氧债”。我们要在完全停止活动后半小时或更多的时间内仍继续做深呼吸以偿还这个债。一个人在 23.4 秒内跑完 225 码后，过 27 分钟才能回到正常的平静呼吸。这个期间所用的额外的氧，其量超过了同等时间的安静状态下氧的消耗，我们可以以此来测定氧债的多少。

从以上的讨论中可以明了，只有在中等的活动状态下才能保证对机体内远距离细胞供氧的稳态。无论何时只要从事高度用力的活动或长时间的剧烈运动，单靠呼吸和循环系统的调节就不足以防止液床中产生过多的酸，因而需要一种能够维持其中性反应的装置发生作用。所以，本章中关于氧的供给和下一章关于血液的中性这两个问题是密切相关的。

III

为了供给肌肉作工时额外所需的氧，肺、心脏和血管的机能要以种种不同的和复杂的方式进行调整，其各自的目标都是为了保障足够的供氧量以满足工作器官的需求，或者是用来偿还氧债，如果在肌肉活动的当时氧的需要未能得到满足的话。

首先是，呼吸加深并加快了。这种变化在体力活动的一开始就立即发生，其原因除了那些引起体力活动的并来自大脑皮质的神经冲动之外，还有一种别的作用——伴随主要作用而自动产生的一种附加作用。随之而来的是我们在剧烈运动时都看到的更大量的呼吸——更深更快的呼吸运动，这是由于血中二氧化碳增加所致。这种增加主要是工作肌肉中所产生的乳酸被氧化为二氧化碳（CO_2），使肌肉大量生成 CO_2 的结果。肌细胞中 CO_2 较淋巴液中的浓度高，这使前者具有更高的扩散压（即更大的扩散倾向），从而使它扩散入淋巴，因此，由于同样的道理，使它扩散到流经毛细血管的血液中。血液把它输送到肺。

在肺内，血液分布在细小的毛细血管网中，后者位于小气囊即肺泡的极其细薄的壁上。这些（肺泡）是树状呼吸管道中最小分支的顶端，其树干是气管，其树枝就是支气管。据估计，如果把一个人肺中所有的肺泡展平成一个连续的平面，将构成一个大约 90 平方米，亦即大约 1100 平方英尺的表面积，其中 800 平方英尺以上与肺毛细血管接触。显然，这为血液和肺泡腔之间进行气体交换提供了一个非常巨大的面积。

肺泡气中二氧化碳的百分率约为 5.25。当过量的二氧化碳被带入肺内静脉血液时，后者所含的二氧化碳就有了比肺泡内更高的扩散压，因此二氧化碳就由血液透出而进入肺泡腔。然而这个过程在气体由血液入肺的倾向和与此相反的倾向间达到平衡时就不再进行。在此过程中，肺泡内 CO_2 百分率当然上升，结果是，气体从血液中的逸出就不比正常处于安静状态下那样多。因此，当血液通过并离开肺部时运出的 CO_2 比平时更多。于是这种二氧化碳扩散压增高了的动脉血来到位于大脑下面延髓中的“呼吸中枢”。在这里,或因血液中的气体扩散到中枢细胞内,或因血液中较高的分压阻止了该部细胞活动所产生的二氧化碳的向外扩散,于是细胞内的二氧化碳含量增高。这就等于一个刺激。这时细胞把神经冲动释放到呼吸肌而使后者的动作变得比原来更加强有力。这种加强了的肺换气作用自然导致肺泡内过多的二氧化碳的呼出。当此过程持续到百分率下降至平静状态下的正常水平的程度时,对呼吸中枢的额外刺激就消失掉了,这样又开始了平静呼吸。对于维持液床相对恒定的连续作用的自动调节来说,没有比脑部的这种精巧装置更好的例子了,它通过保持自身状态的均衡来保护机体所有其他部分免于酸性废物的蓄积。这种敏感性的若干指征可在海登和泼瑞斯特里所证明的下述事实中看到:即肺泡中二氧化碳仅仅增加 0.22%就能使肺部换气作用增加 100%!

在剧烈的体力活动中,人体肺部的换气可以从每分钟 6 公升增加到 60 公升以上。这意味着支气管中气体的进出必须比原来快很多,而产生的摩擦也要大得多。在支气管的管壁上有环状肌肉来控制管腔大小。这些肌肉和小动脉上的肌肉一样,也受来自交感神经系统的神经的支配。布利顿和我按照前面已经说明过的方法,利用去神经心脏证明,即使在轻微的肌肉运动时,交感-肾上腺系统也是起作用的。图 27 就是表明一只动物仅在走过地板时去神经心脏速率加快了。在此例中增加了 20 次。经过这种活动的 27 例中,脉率平均增加为每分钟 17 次。在这些情况下,脉率的增加是单独由肾上腺分泌引起的,因为如读者在图 27 中所看到的,在肾上腺失去活性后同样的肌肉运动所引起的增加只有微不

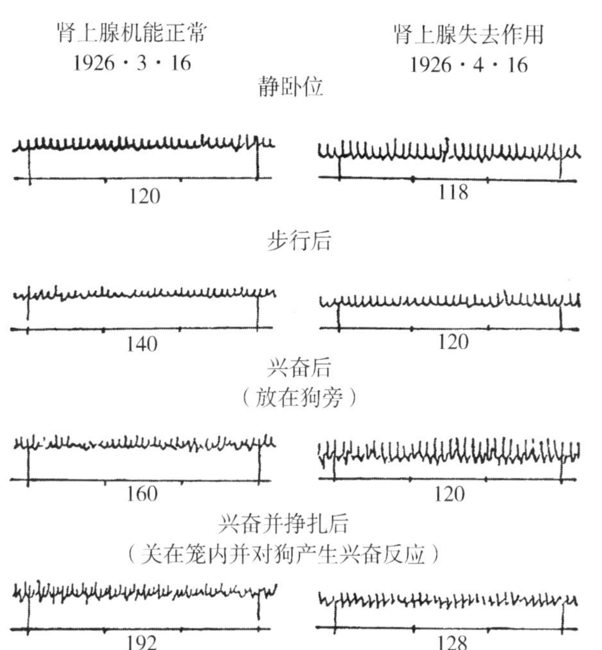

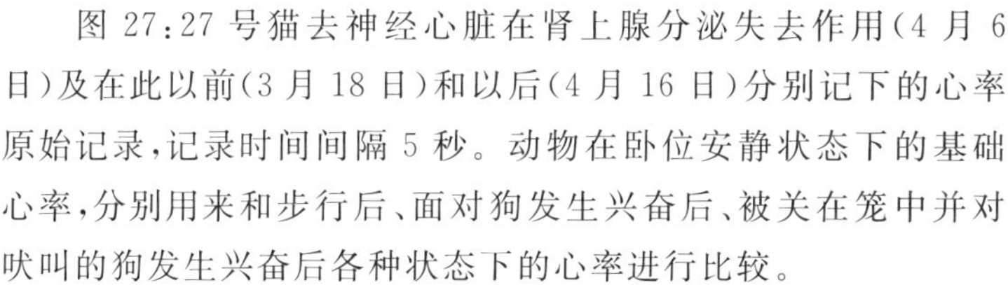
图 27:27 号猫去神经心脏在肾上腺分泌失去作用(4 月 6 日)及在此以前(3 月 18 日)和以后(4 月 16 日)分别记下的心率原始记录,记录时间间隔 5 秒。动物在卧位安静状态下的基础心率,分别用来和步行后、面对狗发生兴奋后、被关在笼中并对吠叫的狗发生兴奋后各种状态下的心率进行比较。

足道的两次。要看到,在动物挣扎时为了使去神经心脏的心率进一步加快,交感-肾上腺系统参与的作用也更大。在不同动物中的大量观察中,其平均增加次数为每分钟 49 次。交感-肾上腺系统对细支气管的效应是使它们扩张。用肾上腺素治疗支气管哮喘时病人所体验的那种明显的轻快感,就是对这种效应的一个很好的说明。因此,细支气管在大量肌肉活动中比在休息时更为舒张看来是完全可能的。这种舒张对激烈活动时所需的大量空气的进出提供了更大的通道,并能因此减少为摩擦所要作的功。

在呼吸作用管理上又一个出色的特点是，通过深呼吸呼出二氧化碳以防止它在肺中——自然也就是防止它在血液中——的蓄积，同时又吸入比平时更多的氧。即使在激烈的体力活动时，肺泡内氧的利用可增加5倍或10倍，但由于这种巧妙的自动调节作用，肺泡气中氧的百分率及其进入血液的扩散压都能维持在正常或稍高于正常的水平。

IV

由于呼吸运动的双重效能，使血液既能排除其挥发性废物——二氧化碳，又能在通过肺毛细血管时立即运载氧气。为了了解继在肺内气体交换之后，存在于循环系统中的调节装置，我们必须记住氧和二氧化碳的运载要靠血液中的红细胞，其数量虽然能在紧急时刻增加，但仍是有限的。我们在讨论严重失血后所发生的代偿作用时已经知道，在此情况下增加气体运输的唯一方法就是增加载体的利用率；换言之，就是增加载体在肺和活动器官间的循环次数。实际情况也就是如此，但还要加上一个作用，就是保证两头“装”和“卸”的过程都能顺利进行。我们现在就来详细考察一下这些调节作用。

首先，为达到增加心脏每分钟搏出量的目的，必须增加通过静脉回心的血量。我们从事肌肉运动时就是通过循环系统的种种改变来达到这个效应的。控制血管口径的血管舒缩神经使分布在胃肠上的大面积的血管产生收缩。结果，这些血管中的大量血液被驱向肌肉血管，我们将看到，后者在肌肉活动时能有一个高度扩大的容量。

再来说肌肉，它在用力时有不同程度的节律性收缩，对血管产生不同程度的节律性压力，尤其是对位于肌肉束内部及其间的小静脉。因静脉中有瓣膜使血流以向心的方向单向运行，这种节律性的压力必然地要促进这种回流。这种效果能够立即加以证明；用右手紧握左腕，然后迅速并反复地握紧和松开左手，注意这只手背上的静脉很快地就发生了充血。对静脉的另一种泵式动作见于巨大的形如屋顶的呼吸肌，它就是把胸腔和腹腔隔开的横膈，或者称之为横膈的机能动作。这个肌肉在收缩时压低其屋顶形的坡度，即当向腹腔下压时其外缘多少变平。它借这种动作对那条大静脉——下腔静脉增加压力，这条静脉把从下肢汇集起来的血液经腹腔向上回送。腔静脉分支内的瓣膜在这里也防止血液流回下肢。因此，腹内压增高有利于血液的向心流动。但胸部条件也有助于这个目的。位于胸腔的肺是处在一种被拉长的状态中；这使肺内的空气向内压缩。因此，胸腔内肺外的器官，例如静脉，其所受压力就低于大气压。每次吸气的动作都使胸腔扩大，肺就进一步被牵引，从而它总是使静脉所受的压力减低。所以，在腹内压增高的同时，胸内压也就降低，这不但进一步推动了来自下肢部分的血流，也同样促进了上肢和头部血液的回流。在下一个呼气动作中，正在回流的静脉血液自然淤积在胸腔之外——即上肢、颈部和腹部的静脉里。但在下一个吸气中又发生刚才提到的那种状态而把淤积的血液驱向心脏。就这样，在四肢肌肉的泵式动作外，再加上横膈的泵式动作，成为促进血液利用的一种因素。

应当注意到躯体中的这种构造的巧妙管理方式。收缩肌肉因其本身的收缩而需要额外的氧，这些肌肉使带氧血液回流，这又

自动地帮助了肌肉所需氧的获得。至于横膈,则如我们所知,在运动中会更加有力地发挥着“泵”的作用,不仅满足肺中氧气载体的氧气供应,还要帮助加速载体的循环,从而增加对缺氧组织的氧气供应。

V

心脏输出的血液不可能多于其所接受的血液,而且必须和回流的血液保持同步,否则就会产生反压并导致静脉内的血流停滞。简言之,心脏的排出量是受到从静脉输入的血量的控制的。由于在肌肉工作开始后回心血量大大增加,所以产生了一个问题:即心脏将如何完成任务?这有两个方法:心脏可以在每次搏动中推出更多的血液,其次可以增加搏动速度。实际上,这两个方法都被使用了。

心脏每搏的输出量,也就是扬代尔·亨德森(Yandell Henderson)所称“搏出量”,必须通过间接测定法来确定。不同的研究者各用不同方法在较少的对象身上所得到的结果,其数据只在它们的一般特征上才是一致的。显然,当一个人处于休息状态时,心脏的慢速搏动不会使本身接近于排空;每次收缩后,心室中剩余的血量可为原有量的25%或更多些。当心脏在舒张期放松时肌性的心壁是柔软和松弛的,尤其是接受静脉血的右心部分。因此它接受从大静脉涌入的血液时变得比平时更加膨胀。英国的生理学家施塔林发现了一个高度引人兴趣的重要事实:在一个合理限度内,正常心脏的肌肉纤维越是被牵引,其收缩就越有力!因此涌入心脏的血量越多,就十分自动地引起越加有力的喷射。所以心脏在进行强力收缩时，在其收缩终末，心室中的余血量要比在平静节律下搏动时为少。由于这些调节作用，重劳动时每搏输出量约为处于休息状态下的两倍。

仅仅靠每次搏动——因而也就是每分钟血液的搏出量——的加倍，显然还不能满足必须把氧供给增加到10倍以上这种状态的要求。心脏容量增加所受到的限制是通过加快红细胞的利用速度而得到代偿的。在安静时，我们的心率为每分钟70次左右，而在激烈运动时，可以升高至140次以上。再加上心搏出量加倍，就大大提高了满足肌肉工作中氧额外需要的能力。

有各种不同的动因引起并保持心脏更快的收缩。实际上在工作量达到高潮之前，心率就可以开始加快。在呼吸调节作用中，我们已经注意到，只要有行动的开始动作，就能引起呼吸的加快，因为伴随此动作的神经冲动使脑部呼吸中枢兴奋起来。与此相似，在我们开始行动时，就由于一直对心脏保持阻遏作用的迷走神经受到不同程度的抑制而使脉搏加快。这些作用都是机体面对需要时作出迅速反应的一组机制，这些机制在器官上表现为两种不同的系统，但无需说明，这两个系统在彼此的协同作用中是互相密切关联的。

四肢肌肉和横膈推动静脉血进入右心房、心室的泵式动作，引起静脉内压力增高，这一点可在用力时紧贴皮肤下面的静脉怒张得到证明。这种压力的增高使刚才提到的神经效应得以继续并加强，因为这种压力施加于心腔内时能引起右心房与大静脉连接末端部分的扩张，从而产生一个反射，即所谓“班布利奇反射”(Bainbridge reflex)，它进一步抑制迷走神经对心率的阻遏作用，因而使

心搏变得更快并一直保持下去。

人们已经知道，支配心脏的交感神经同样能被右心房静脉压的增高所兴奋。此外，在肌肉高度用力时，该神经也转入兴奋，特别是像在竞赛中那样伴有情绪兴奋时更是如此。我们已知道这些神经的作用在于加速心搏。示意图 27 的心搏真实记录表明，甚至轻微活动都能唤起交感-肾上腺系统产生作用，而且活动越大，该系统参与作用越强。另外，有证据说明交感性支配的神经中枢可能受到某种程度的像呼吸中枢所受到的那种影响；作为二氧化碳过多的结果，该部位酸性可以提高，而其主要后果将是产生刺激。这种设想得到了马蒂松（Mathison）所做实验的支持，他证明，在呼吸空气中——因而也在血液中——有过多二氧化碳时能使动脉压升高。林顿（Linton）兄弟和我本人所做的一些观察同样说明肌肉活动产生的废物能使交感-肾上腺系统发生作用。我们发现，对完全断绝了与躯体其他部分神经联系的大肌肉群给以人工刺激，能引起去神经心脏速率的加快，这一点肯定了瑞典生理学家约翰松（Johansson）之说。这只能是由于肌肉向循环血液放出化学物质所引起，因为此时活动肌肉与躯体其他部分唯一的联系就是通过血流。但是，如事先使肾上腺失去作用，则在此实验中重复同样刺激并不产生效应，或反使心率多少有些减慢。显而易见，心率的加速并非血中变化的直接效果，而是通过交感-肾上腺装置的途径所产生的效应。

所以，在剧烈的肌肉活动中，为了机体的需要，呼吸系统和循环系统之间的调节明显地存在着密切的关联就可得到解释了；虽然这两个系统都通过随意运动所引起的神经冲动而开始产生心率

和呼吸的加速，但它们在执行其额外任务时，则是通过动脉血中二氧化碳浓度的增高而继续保持其活动的。随后，由于它们额外的活动使二氧化碳又减少到休息状态的水平，这两个系统又渐渐地回到自己安静时的日常机能状态。

所有这些协调进行的作用提供了如下的条件，首先，使心脏对静脉流回的大量血液具备充分的接受能力；其次，在肺进行深呼吸以利于呼吸气体（氧和二氧化碳）的更大量交换时保证其有效的血液供应；最后，将带氧血液有力地输出到大面积的“动脉网”中去。

VI

体力运动伴有动脉血压的升高。我们业已知道，动脉内压力是向内流入的推力与向外流出的阻力二者之间相互作用的结果。在其他条件相同时，从心脏的输出量的大量增加本身就能使血压升高。但有证据说明，特别是腹部器官的大面积血管在交感系统血管舒缩神经作用下所发生的收缩，也引起外周阻力的增高。心脏和血管这两个因素的共同作用，把推动血流穿行毛细血管的压力提到相当的高度。让一个人骑在固定脚踏车上进行的试验中，动脉血压从开始时 130 毫米汞柱升高到 180，并且在继续运动过程中此高度保持在 165—170 毫米之间，这个高度相当于一个大约 8 英尺的血柱高度，而在休息时其压力只相当于 5½ 英尺。

值得注意的是，动脉中血压在运动实际进行之前就已升高，恰如呼吸和心率在活动开始时的增加是由于引起该活动的神经冲动所伴随的一种间接效应一样，血压在开始活动时迅速而突然的升高可能也是相同原因所造成。的确，根据威伯（Weber）的说法，仅仅从事运动的念头就能引起腹部内脏的缩小和四肢的胀大。

关于血压升高所具有的意义，我们只要想到活动肌肉中出现小动脉和毛细血管扩张这一点就能最恰当地作出评价。如果动脉压仅仅足以使血循环速度保持在适应躯体静止状态的水平，比如刚超过临界水平，那么任何特殊部分的血管扩张都将为血液流入静脉提供一个方便途径，以致血液转而流向这条较宽的通路，而离开了没有得到充分供血的其他部位。在剧烈活动中升高的动脉压，不仅能防止不活动部分任何这样的供血不足，而且还保证大量血液能快速流过那些最需要带氧血液的活动部分中扩张的血管。

活动肌肉中小动脉和毛细血管的扩张，是为供养细胞并运走废物的最显著的应急措施之一。周密的研究证明，在肌肉休息时，其中许多毛细血管并未被使用，也就是说它们是交替地让血液通过的；某些血管开放一段时间，然后关闭，不让血液流过，同时其他附近的毛细血管开放，以代替相邻部分的工作。在显微镜下只能看到含有血液的毛细血管。丹麦生理学家克罗格(Krogh)对躯体一侧活动肌肉与对侧不活动肌肉作了比较后发现了一个惊人的事实：在活动肌肉中开放的毛细血管数目为静止肌肉中的40倍到100倍。还不了解是什么因素引起毛细血管扩张。人们作过推测：局部缺氧或二氧化碳增加是引起血管开放的原因，即利用这种办法来摆脱自己的不利状态。也可能这种扩张是由于肌肉受牵拉时的磨损和撕裂所产生一种微妙的物质作用所引起的。

无论毛细血管是怎样得到开放的，都不能忽视这种开放的高度重要性。我在前面强调过这一点，即血液和固定细胞间的物质交换是在毛细血管部分发生的。循环系统对体力工作的所有适应作用在此都有自己的意义。血液运给工作中的肌肉所需要的糖和氧，并能把收缩过程中氧化所生成的二氧化碳和水带走。流动血液越是能靠近具有这两种需要的肌细胞，肌肉工作就越能有效地进行。在肌肉开始行动时，肌肉中那些未使用的毛细血管明显的开放，保证了细胞与血流间紧密的联系。

我们现在可以对循环系统中的适应性变化的过程作个结束了。显然，当肌肉有节律地收缩并压迫肌内和肌间的血管时，它所推动的血液量要比在它静止状态下的为多。总之，工作中肌肉所起的作用宛如设置在另外部位的心脏，在工作时接受较多的血液，而又把这些血液送回中心部位的心脏以及肺内，使血液更新以便完成新的任务。

VII

我们现在已注意到，为满足对氧的额外需求，肺每分钟换气量可能增加 6 倍，心脏搏出量约增加 1 倍，心率增加 1 倍，并增加动脉压，使得每分钟内有更大量的血液通过增加了需氧量的活动器官中的已扩张的毛细血管。另外还有两个相当值得注意的机制有待提及。第一个是，旨在保持稳态而运用加速作用过程的另一例证。它从肺和收缩肌肉中毛细血管内气体的便利交换可以看出。

上面概要谈到的循环调节，其作用在于增加红细胞在肺与肌肉间在给定时间内的循环次数。虽然血流通过毛细血管时比通过循环中任何其他部分要慢得多——这是为了保证血液与组织间进行交换所需要的时间，但在循环速度加快时，毛细血管内的速度也能和别处一样得到加快。这意味着载体在肺部释放二氧化碳和装载氧以及在肌肉做工部分进行相反作用所能得到的时间都将减少。小井沼(Oinuma)[①]以出色的观察所获事实证明,二氧化碳的增加,还有体温的升高,都能促进氧的解离。由此可知,在肌肉反复牵引中不仅产生额外的二氧化碳,还产生额外的热量,这些新的条件促使载体更快、更完全地抛出氧。甚至在中等程度的运动中也可因 CO_2 的作用再加上活动肌肉中温度升高的作用而使氧的释放速度加倍。同时,细胞以更快的速度利用氧气,而与其直接接触的淋巴液中的氧量则减少。这造成了从血液向淋巴扩散倾向的增加,其结果是发生了更快的扩散。值得注意的是,这些作用间存在着共同变化的关系,即肌肉工作强度越大,则对氧从血细胞解离并进入细胞速度所产生的效应也越大。因此血流通过肌肉毛细血管速度的加快和流量的加大,给机体的适应带来了益处。

氧的解离速度越快,它在血浆中的扩散压将越高,因此按照顺序,它将更快地进入淋巴,因而也更快地进入活动细胞。作为这些作用的连锁反应的结果,细胞按照其不断变化着的需要来接受氧气。

在肺的毛细血管中,血液处在氧的相对高的扩散压和二氧化碳的相对低的扩散压之下,因为这两种气体都和肺泡有关联。其结果是,二氧化碳穿过组成毛细血管壁和肺泡壁的极薄的膜进入肺泡腔。但二氧化碳不受帮助就不能自行离去。从肺泡进入红细胞的氧能比其他方式更快地帮助驱出二氧化碳。因此在循环途中的每一个转换站,一种气体赶出其他气体后就为自己占有了后者

① 小井沼为原书上 Oinuma 的日语音译。——译者

在载体中的空位，直到下一个交替中自己又被照样赶出。在机体中任何部分都找不到比这种过程更为生动的相互作用了。

血液在离开肺时，甚至在剧烈体力活动下的快速流动中也能带走占其全部载氧量95%的氧，也就是大约每百立方厘米血液中18立方厘米的氧。在安静的休息状态下，每100cc静脉血在返回心脏时可带回14或15cc的氧。在外周毛细血管中只放出了3或4cc。由于我们刚才讨论过的那些因素作用的效果，在活动部位中血液氧容量的下降大大增加，因而即使是混合的静脉血[①]，在其返回时，氧含量不到5cc%。因此血细胞从肺到需氧组织间循环次数的增加是必须依靠携带它的氧气在利用率上的进一步提高来扩大效果。

VIII

在遇到需要时保证充足供氧的一个更明显的措施见于肌肉运动期间红细胞数量的骤然增加。这种主要由巴克洛夫特所阐明的现象，在低等动物中比在人类更为突出。马在5分钟重度活动后每立方毫米红细胞数量可增加20%或更多一些。这种显著变化是机体对氧的需要所产生的唯一类似储存方式的适应作用，关于这种储存方式我已在氧以外其他物质的稳态中叙述过了。在繁重和长时间的肌肉劳动中，如我们所知，葡萄糖从肝储备中被动员出来并通过血液输送到任何需要的部位以供利用。从机体对失血的反应这个角度来看，脾被认为是浓缩集存红细胞的一个贮藏所。

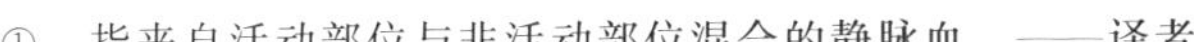

① 指来自活动部位与非活动部位混合的静脉血。——译者

如遇到引起交感-肾上腺系统产生作用的处境，例如一旦发生缺氧，而使脾肌肉产生收缩，则其中内容物就被挤出。在猫身上，运动可使脾在一次释放后其重量从 26 克减至 13 克，可知有 13 克是特别富含红细胞的体液。自然，这些血细胞在面临要求发挥作用的时刻立即就变成了氧和二氧化碳的载体。

为保持对机体中固定细胞和远处细胞的氧的输送的稳态，存在着上述这些多种多样的精密安排的机制，这一点反映了保持一个不断适应需求的输送作用的重要性。在所有中度和长时间的劳动中，在参与这种所必需的职能的多数因子的密切合作下，才有效地维持了充足供氧。但在剧烈和极重的劳动中，这种供给可能尚不足以满足其要求。这时非挥发性乳酸开始在细胞内蓄积并向外扩散入淋巴和血液。但血液的酸碱度应处于酸性和碱性反应之间并接近中性的状态，这一点是不允许改变的。关于保护机体免于遭到这种危险的一些防备措施，我们将在下面加以考察。

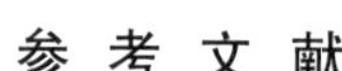

参 考 文 献

Bainbridge. *Journ. Physiol.*, 1914, xlviii, 332.

Barcroft. *Ergebn. d. Physiol.*, 1926, xxv, 818.

Cannon and Britton, *Am. Journ. Physiol.*, 1927, lxxix, 433.

Cannon, Linton and Linton. *Ibid.*, 1924, lxxi, 153.

Henderson. *Physiol. Rev.*, 1923, iii, 165.

Hill, Long and Lupton. *Proc. Roy. Soc.*, London, 1924, xcvi, 442.

Johanson. Skand. *Arch. f. Physiol.*, 1895, v, 59.

Krogh. *The Anatomy and Physiology of the Capillaries.* New Haven, 1929, 64.

Mathison. *Journ. Physiol.*, 1911, xlii, 283.

Oinuma. *Ibid.*, 1911, xliii, 364.

Starling. *The Law of the Heart*. London, 1918.

Weber. *Arch. f. Physiol.*, 1907, 300.

第十一章　血液中性的稳态

I

在前一章我曾重复地提到了乳酸，还有二氧化碳（在水溶液中成为碳酸）这些作为肌肉活动时必然随之而来的产物的形成过程。磷酸和硫酸在体内的产生也与此类似，是从蛋白食物所含的磷和硫氧化而成的。在某种病态条件下，具有特殊性质的酸性物质可以出现。另一方面，特别在摄取植物性食物时，钠、钾、钙这一类碱根被大量摄入，或者机体通过酸性胃液的分泌血暂时失酸，从而导致血液趋碱。血液不发生过酸或过碱的变化，这一点对细胞生存和保持本身固有机能来说具有头等的重要性。

血液的"反应"[①]可通过血浆氢（H）离子浓度来测定。氢离子是一个带有电荷的氢原子。水中加入盐酸（HCl）时水即变为酸性，因为 HCl 解体亦即解离为组成离子——氢和氯。其酸性程度取决于溶液中氢离子数量。与此类似，一个溶液的碱度决定于氢（H）和氧（O）这两种结合元素的浓度，它们带有电荷，构成所谓"氢氧离子"（OH）。纯的蒸馏水（H_2O）轻度解离为 H 和 OH 离子，这二者数量必是相等的。纯水之被视为中性，并非其中不存在

① "反应"Reaction 实际就是通常所说的酸碱度。——译者

酸或碱性物质，而是由于二者的含量相等。在22℃时，一千万公升纯水中含有1克重量的离子氢，或者说它的氢离子浓度为一千万分之一，此浓度也可用$1/10^7$，或10^{-7}来表示。纯水中氢氧离子浓度也同样是10^{-7}。事实上，人们发现在任何水溶液中这两个负指数的乘积恒为－14。现在通常都避免用这种负指数的数字，而用pH＝7这种写法来表示中性。如氢离子浓度为10^{-6}，则氢氧离子浓度为10^{-8}，溶液为酸性。反之，则自然是碱性。如指数小于7，说明H离子占优势，反应为酸性；如数字大于7，说明OH离子过剩，反应为碱性。

II

血液中OH离子浓度较H离子浓度稍高，其指数的幂值约为pH 7.4。离开这个中性稍偏碱的反应，哪怕是很微小的变动都是危险的。如氢离子浓度升高，此数字仅仅变化到6.95(即刚越过中性界限到酸性范围)即可导致昏迷和死亡。而如果氢离子浓度下降，使碱度仅由pH 7.4增加到pH 7.7，即可导致强直性惊厥。当pH由7.4变为7.0时，可看到狗的心率由每分钟75次减少为50次，而当这个变动移向碱性方向(由pH 7.0到pH 7.8)时，心率可由每分钟30次增加到85次。如超越这两个界限，即导致严重后果；心脏在过酸的液体中松弛而停止搏动，在过碱的液体中也要停止搏动，只不过通常是在收缩期中停止搏动的。

对说明血液化学反应的改变所带来的非常严重的危险来说，这些只是许多事实中很少的几个例子而已。在很窄的变动范围内，神经系统完善地行使机能，因而心脏不停地搏动着。对于健康

人而言，正常（酸碱）反应的变动不会超出狭小的界限之外以致使机体活动遭受损害或危及其生存。在其没有达到这种极端的地步之前，一些装置就自动地发挥作用，使受干扰的状态恢复正常。

血液的（酸碱）反应尽管受到种种条件使之作不同倾向的变动，但仍能紧密地保持中性，对这种机制，要作出完善的说明，就需要对所涉及的物理化学过程作深入而详细的考察。我们将只考虑这个机制的比较简单的几个方面。

III

溶于血浆中的一种化合物是由以下化学元素组成的，即钠（Na）、氢（H）、碳（C）和氧（O），其中氧有三个原子。这种化合物（$NaHCO_3$）就是日常食用的小苏打，在化学上称为碳酸氢钠。同样存在于血浆中的还有碳酸。碳酸的化学符号是 H_2CO_3，它是由二氧化碳（CO_2）溶予水（H_2O）而成。血液的（酸碱）反应决定于血浆中 H_2CO_3 与 $NaHCO_3$ 的关系——碳酸供给氢离子，而碳酸氢钠则在钠的作用下供给氢氧离子。在机体运动中如碳酸增加，则血浆趋向酸性。它也可通过减少碳酸的方法而趋向碱性。例如，我们进行 1—2 分钟过度的、随意的、深而快的呼吸，就能降低肺泡中二氧化碳的浓度，从而使其扩散压下降。这就减少了血液中二氧化碳向肺移动的扩散压的阻力，而使更多的 CO_2 排出，此过程因过度呼吸所产生肺泡内氧浓度的相对增高而得到促进。在生理学者自身的实验中，这种使血液倾向碱性的做法曾达到几乎引起惊厥的程度。

如将一种非挥发性酸，诸如盐酸（HCl）或乳酸（可用 HL 这种符号来代表)，加入到血液中，则可结合碳酸氢钠中的部分钠而释放出二氧化碳，如下列化学方程式所表示：

$$HCl + NaHCO_3 = NaCl + H_2O + CO_2$$

$$或\ HL + NaHCO_3 = NaL + H_2O + CO_2$$

NaCl 是普通的食用盐，一种中性、无害的物质。H_2O 和 CO_2 组成人所周知的挥发性碳酸。如加入 HCl 或 HL 这一类强酸，则由于碳酸的增加必然会使血液暂时倾向于酸性。但我们已知道，由于 CO_2 的增加刺激呼吸中枢而造成肺换气的加快，从而迅速排出过多的酸——包括如上式中由 $NaHCO_3$ 置换生成的以及因 $NaHCO_3$ 减少而多余下来的酸。一旦过多的二氧化碳被排出，H_2CO_3 与 $NaHCO_3$ 二者的比例就逐渐恢复正常状态，血液恢复到正常(酸碱)反应，深度呼吸也就随之消失。

我们已知，在剧烈的肌肉活动中可产生大量乳酸，以致这时没有足够的氧将其氧化为碳酸。如乳酸从肌肉细胞进入血液中，则首先通过已提到的途径得到处理，即形成中性的乳酸钠。肌细胞中残存的乳酸也同样被游离碱所中和。但这种情况是有限度的，只有把乳酸盐氧化为碳酸和水才能使这种情况得到进一步的解除。这里有一个“氧债”有待偿还。在过度的劳动停止后所吸入额外的氧首先被用来氧化肌肉中蓄积的乳酸盐。经氧化后其浓度下降；于是血浆中的乳酸盐缓慢地扩散回肌肉中，在那里又继续被氧化。氧化过程中 CO_2 的产生，是机体在偿还氧债后仍继续维持深呼吸的原因。CO_2 部分被呼出，但部分仍存留血液中。在这里它和乳酸钠这个化合物氧化后所游离出来的钠相结合。这样，由于强度的肌肉工作而减少的血中碳酸氢钠又恢复到其原有的正常浓度。

IV

在前几节所叙述的情况下，血浆中碳酸氢钠具有防止血液发生任何向酸性方面大幅度变化的作用。由于它有行使这种作用的能力而被称为“缓冲”盐。还有另一种缓冲盐存在于血液、特别是在红细胞中，即碱性磷酸钠（Na_2HPO_4）。当血液中增加酸性物质时，后者不仅被碳酸氢钠，而且也同时被碱性磷酸钠所“缓冲”，如下式所示：

$$Na_2HPO_4 + HCl = NaH_2PO_4 + NaCl$$

还应注意到这里形成了普通的盐（NaCl），也同时产生了酸性（二氢）磷酸钠。“碱性”和“酸性”磷酸钠二者刚好都是接近中性的物质。因此，在上式变化中，属于强酸的盐酸并未能由于把磷酸盐从碱性转化为酸性而给血液的反应带来重大的改变。但酸性磷酸盐仍稍带酸性，因而不能让它在液床中蓄积过多。它和碳酸不同，是非挥发性的，故不能被呼出。肾脏在这里能够起到限制血液中酸碱摆动的作用。

血浆中 NaH_2PO_4 与 Na_2HPO_4 的比例为 1∶4。两种盐都在此比例下经过肾小球滤出。如前所述，组成盐的碱（例如 Na）在血中含量较其所结合的酸根更为恒定。看来碱的保留对机体是更为重要的条件。通过肾小管时磷酸氢二钠转化为酸性形式：

$$Na_2HPO_4 + H_2O = Na + OH + NaH_2PO_4$$

其中 Na 这个碱，在某种程度上以重碳酸盐的形式重新被吸收，酸性磷酸钠则被排出。通过肾小管中的这种变化，酸性与碱性磷酸盐二者的比例由原来的1∶4最后变成尿液中的9∶1，通过这种方式可排出多量的酸。无论何时只要血液中产生偏向酸性的倾向，机体就排出更多的酸性磷酸盐而向碱性方面校正其（酸碱）反应。

如果血液中出现了大量非挥发性的——也就是不能呼出的酸，则会产生一种危险：血中盐类所结合的碱，特别是钠，可通过肾被带走而使机体失去碱。在这种情况下，有趣的是，碱性的氨（NH_3）可代替钠来中和酸。氨是有机物代谢形成的一种无用产物，通常被转化为中性物质——尿素而被排出。只要一有丢失钠、钙、钾等结合碱的威胁，就形成氨盐并排放到血液中，然后通过肾小球、经肾小管滤出。

V

如血液倾向于碱性，则会出现前述作用的另一种变化形式。让我们假设一种由剧痛或高温的刺激而造成不正常的深而快的呼吸。从而使肺中气体的二氧化碳百分率下降，其结果是，血中二氧化碳浓度减少。$H_2CO_3/NaHCO_3$ 的比值下降，也就是说，反应进一步地倾向于碱性方面。碳酸从呼吸中枢组织自行逸出，其结果缺少了一种引起发向横膈和其他呼吸肌的神经冲动的刺激。在这种情况下呼吸动作可暂时全部停止。但由于缺乏呼吸作用，体内搏动的心脏和其他持续活动的器官所不断产生出来的二氧化碳就在血中蓄积，直到 $H_2CO_3/NaHCO_3$ 的比值恢复正常，在这基础上肺的节律性换气过程又重新开始。如果血液的（酸碱）反应有时倾向于碱性，则机体排出碱性磷酸钠及其他碱性盐（多半不包括氨盐）直到中性得以确保为止。

我们已看到血液化学反应的改变会带来多么灾难性的后果。在这里，液床的稳态是极其迫切的需要。在氢离子浓度危险的增高和几乎同样危险的反方向变化之间所存在的精确平衡，主要靠脑部呼吸中枢高度的敏感性来维持。与此中枢作用相配合的，是血液本身所具有的高效能的缓冲盐，它能缓和酸性的血液所造成的最初冲击。肾脏则能防止非挥发性酸或碱性盐的蓄积，但它发挥作用的速度比较迟缓。我们可以把这些装置想象为时刻不离岗位的哨兵，随时准备对情况变化的最初征兆采取行动，以防止接近中性的血液正常的稳定状态发生有害的改变。

参 考 文 献

Henderson. *Blood*. New Haven, 1928.

第十二章　体温的恒定性

I

在内环境的恒定现象中最引人注目和易被观察到的事实之一是“温血”动物的体温的恒定。虽然正常人有每日的体温波动，即由上午 4 时左右体温表读数上平均 36.3℃（97.3℉）的低点到下午 4 时左右平均 37.3℃（99.1℉）的高点，但在此范围外不会有更大的变动。这种恒定性是如此可靠，以致体温表制造者能有把握地在华氏刻度“98.6°”处作出标记，近似地表示全世界健康人的平均体温。

我们体温的恒定并不是永远能保持的。酒精和麻醉剂可以破除这一受控过程，因而，当暴露在寒冷情况下时，热量就会迅速丢失。所以一个人的体温在酒精中毒时可以一度下降到 24℃（75℉），之后，再恢复正常状态。另一方面，在感染性疾患的过程中，热度可升至 40℃（104℉）以上而不致造成病废。但这些变化是能招致种种危险或带来种种限制的。例如，在患有日射病时，可以看到，体温如上升到大约 42°—43℃（107°—109℉）并持续数小时之久，就会使脑神经细胞产生严重的障碍。再说，24℃（75℉）对适应机体活动来说则是过低了。如布利顿所指出，在此体温下心率变得很慢，呼吸浅而少，并出现深度昏睡。因此，避免出现这种两极变化是完全有道理的。

保持体温正常恒定也是十分必要的。只要我们比较一下寒冷对我们自身和对两栖类、爬虫类这些没有热量调节器官的低等动物的影响时，这个价值就变得更明显了。我提到过低温对蛙的效应，当天气变冷时蛙本身也变冷，其动作变得越来越迟钝。它的心搏变得极少，当它在寒冷的池水深处，处于惰性状态时，全然停止了呼吸。这种状态一直维持到它的体温再度回暖。蛙的这种行为主要基于这样一个事实：在有机体内进行的多数基本生命过程是化学性的，而化学过程的速度是随着温度而变化的，事实上每升高10℃可使速度加倍。因此，这些和周围环境处于同温的“冷血”动物，只有当气候温暖时才能活泼地行动；温血动物则不受外界寒冷影响而维持十分稳定的高体温，在任何时候都可以敏捷地行动。由于保持了内环境的恒定性，他们可免受外环境变迁的影响。

II

要了解我们体内温度的调节作用，我们必须首先理解：我们的机体所从事的每一种活动都在不间断地产生热。处在有力收缩中的心脏，其全部能量终将转变为我们内部的热量，因心脏所从事的形成动脉压的高度的机械功要消耗于克服血管内的摩擦阻力上。约有¾的肌肉活动能量必然表现为热，而且肝脏和其他腺体内的作用全都伴有热量的产生。我们已了解到，当某一个器官变得特别活跃时，血液就大量流过该部位。该器官活动所产生的热就从热的细胞扩散到温度较低的血液。这样细胞就能避免变得过热，而且在某一个部分产生的热也可供其他部分使用。

人在寒冷的早晨用力摆动他的双臂并用力跺脚，是为了使肌肉中产热并通过循环血液普遍地温暖他身体的寒冷部分。所以，液床的流动部分所执行的一个重要机能是，使温度在整个机体内达到均等。我们在后面将看到，它在管理通过皮肤的散热方面也具有重要作用。

有证据说明，热在体内的产生是受控制的，而且对处于标准条件下的正常人来说，此产热过程显然是恒定的。所谓标准条件是指吃一顿混合食物后接着禁食约 18 小时（一般过夜到次晨），然后在试验开始前以斜依姿势休息约 20 分钟。被试验者在清醒状态下取仰卧位，约在 20℃（68℉）的室温下在一系列短时间内测定氧的摄入和二氧化碳的排出量。从 O_2 的消耗和 CO_2 排出的数值可以很快地算出体内氧化所产生热量，通常以“卡/体表平方米/小时（或日）”来表示热量单位，算出所谓“基础代谢”。德国生理学家冲兹（Zuntz），在 63 岁时测定了他的基础代谢，并和他在 43 岁时所测数值相比较。此数值由 804 卡/平方米/日下降到 792——只减少了 1.5%。贝纳第和卡本特（Carpenter）在波士顿的卡内基（Carnegie）研究所曾对一个人进行过为时 6 年的研究，与所有年份测得数值的平均值相比每一年的变异只有 3.7%。拉斯克用一只狗所做的实验中，两年内分别测定 17 次基础代谢率，相差只有 2.9%。这种恒定性是令人惊讶的。

我们知道，代谢率是受几种内分泌腺干扰影响的，例如位于脑底部的垂体和肾上腺的皮质。但作用最明显、最直接的是颈部的甲状腺。在甲状腺过度活跃时，例如在突眼性甲状腺肿时，代谢率一般超出正常水平 50% 或 70%，而在甲状腺机能亢进症的病例中，已知其代谢率是加倍的，也就是说在标准状态下产热的速度实际上比健康人快两倍。外科医生在处理这种情况时，切除腺体的一大部分后，代谢率即可恢复。反之，在甲状腺缺损或机能不足时，例如在克汀病和黏液水肿时，氧化速度可比正常水平低30%到40%。对这种病人吃甲状腺或其浸出物以代替本身甲状腺分泌的缺乏，则其代谢率不难提高至正常水平。

还不知道什么因素在保持甲状腺的持久活性。哈佛生理学研究所的一个小组曾用猫进行研究，在切除交感神经系统的不同阶段中，摘除颈部神经链后可见到代谢率稍有下降，但这个效应极为微弱，可能没有什么意义。这种情况下的甲状腺活性不可能靠肾上腺所分泌的肾上腺素来维持，因为在某些实验中，同时切除肾上腺的神经，看不到在这方面的明显差别。就目前而论，甲状腺内分泌的控制问题尚有待于进一步的探讨。我们所能肯定知道的全部情况是，基础代谢率是机体的生理常数之一，其恒定性似乎直接取决于甲状腺的特有机能，而基础代谢可靠的恒定性是保持其他各方面的稳态特别是体温稳态的一个必要条件。

III

体温的稳态，和向组织供氧的稳态一样，是通过改变一个连续过程的速度来达到的。我们已知，热是靠器官的活动连续不停地产生的。恒定的温度可根据需要靠增减散热或增减产热来维持。我们首先来讨论有关散热的装置。

可以设想有一些条件会促使体温升高，例如由于剧烈的肌肉运动而产生大量的热。在这种情况下，控制着体表小动脉口径的血管舒缩神经放松其约束面，使得血管扩张，于是被活动肌肉所加热的血液更大量地流经这些小动脉以及由它们分出的许多毛细血管，其结果是使皮肤变红。如果周围空气温度低，则带到皮肤的过多的热量将通过辐射和传导散发出去，防止了体温的升高。

但如果外界空气过热而妨碍了热的散发，则会唤起另一种作用，即通过蒸发来散热。水在蒸发时要从邻近物体吸收本身蒸发所需一定量的热。这个事实是生活在干热气候中的人们所熟知的，他们用多孔的陶器罐或帆布袋来冷却饮水。输送到皮肤的温热血量的增加能使皮肤表面渗出汗液。正如多孔容器的表面借水汽的蒸发来冷却其中的水一样，汗的蒸发也可冷却皮肤从而冷却流经该处毛细血管的血液。如空气干燥，可通过这种方法来散发大量的热。在炉前高温下作业的锅炉工和铸造工就是靠这种方法来耐受住外界高温的。但有时也能遇到有汗腺缺陷的人，具有这种不幸缺陷的人，只要在夏日的阳光下经过短时间的曝晒后，其体温就立刻升到 41.5℃（将近 107℉）。如果这种人必须在热天用力劳动，他唯一能避免发热的办法就是不间断地用水浇湿他的衣服以使让水蒸发来代替汗的蒸发。在一个闷热的天气我们所以感到不舒服，是由于蒸汽密度高或空气潮湿而妨碍了汗水变为水蒸气，因而阻碍了冷却作用。

我们还能通过呼吸道表面的液体蒸发来散发相当大量的热。在冬季的早晨我们可以“看见呼出的气”，那是因为掺入吸入空气中的水分随呼气被呼出到寒冷的周围大气时立即凝结所致。在热天，类似的蒸发作用在不断进行，并靠快速的呼吸来加强蒸发。我们人类通常并不靠这种作用来单独达到降温的目的，虽然也曾有如下的病例记载:一个由于皮肤萎缩而不能排汗的人在休息和体温正常时每分钟呼吸6.32公升空气,而当他的体温升至39.9℃(103.8℉)时他的呼吸量几乎比上述量多达3倍,而且呼吸速度竟达每分钟90次!在某些低等动物——例如狗,当它喘息时空气迅速地通过呼吸道进出,这是它在体温趋于升高时主要的散热方法。人在剧烈运动过程中或运动后,因为二氧化碳过多而造成剧烈和深重的呼吸,有着巧妙的四重效果:防止肺中二氧化碳的蓄积、保证充足的氧、推动静脉血液向前以及排出因肌肉活动而产生的过多的热。

如我们前面所指出的,机体所产生的大量的热,乃是其生存活动的必然的副产品。从定义来说,基础代谢代表机体处在静止状态时化学氧化的最低程度。只有在完全静止的状态下产热才能降到最低水平。因此在高温环境下,靠限制产热,得不到多大好处。主要还靠我们已讨论过的那些途径来促进热的散发。

IV

如果体温趋于下降,则会发生一系列有趣的调节作用,总的目的是保持稳定状态。首先,通过皮肤散发的热要被保留下来。为此目的排汗作用要减少到最低程度。体表血管收缩以免来自体内的温暖血液暴露于寒冷的外环境中。具有毛皮和羽毛的动物将这些皮肤上的附属装置竖立起来,使其间隙内能包含一层较厚的不易导热的空气。最后这种保护反应,在我们身上只残存为不起作用的"鸡皮"现象,只在"鸡皮"的每个小丘上竖立着单根的细小的毛发作为它们在人体上用进废退的象征。为了代替毛皮所能提供的有效保护,人类必须依靠外面的衣着(往往是低等动物的毛皮!)以防止散热过多。

除了表面血管收缩和竖毛之外，有趣的是，当身体受冷时还会出现血糖升高的现象。竖毛，小动脉收缩及高血糖，这三者是自主神经系统交感部分活跃的象征。自然会产生一个问题是不是因寒冷所引起的交感神经冲动而使公认的受交感神经控制的肾上腺素的分泌增多了呢？关于这个问题的解答是有重要意义的，因为肾上腺素不仅和缩小表面血管口径的交感神经冲动共同作用着，而且，正如哈佛生理学研究所的奥勃和麦克伊弗（McIver）及他们的同事所指出的，还具有加速机体一切部分的氧化过程的能力。肾上腺素具有的作用就像打开火炉风门产生的那种效果，氧化会进行的更快。所以，如果躯体遇冷会引起肾上腺髓质分泌，则多释放的肾上腺素将导致更快地产热，及时供给机体的特殊需要。

克莱默（Cramer）等人对肾上腺的镜下研究说明，将动物暴露在寒冷中会使衍生肾上腺素的物质减少。这一点曾被用来证明寒冷能激起肾上腺的分泌，但是也有一种可能，即上述所观察到的那种结果，是由于寒冷的作用延缓或减少了衍生肾上腺素物质的产生的缘故。为了弄清这个事实，还需要更直接的证明。哈特曼（Hartman）和他的合作者在巴法罗（Buffalo）提供了这种证据。他们用猫的完全去神经的虹膜做实验。用冷水将猫浇湿，或用温水浇湿后使它受冷时，具备正常肾上腺机能的动物则出现了瞳孔散大，而在肾上腺失去作用的动物身上就看不到这种现象。但是，由于猫生性讨厌皮肤被弄湿，也会造成某种兴奋状态，因此所看到的这个效应无法和兴奋本身的效应截然区别开来。为了避免这种可能发生的错误，也还由于其他理由，奎利多（Querido）、布利顿、布赖特（Bright）小姐和我，决定继续进行进一步的探讨。

在我们的实验中,我们仍利用未麻醉的动物的去神经心脏作为血流中肾上腺素增加的一个指示器。我们用几种方法使动物暴露于寒冷中。首先我们把动物放在窗前的软垫上,让它保持温暖舒适;在数完或记下心率后,我们就全部打开窗户放进外面的冷空气。这种方法的很大优点是可以完全排除兴奋和情绪因素,因为周围环境仍然是动物所习惯的;唯一变化是开了窗户。图 28 是一张原始记录,记载了动物用上述方法暴露在冷空气后对其去神经心脏所产生的效果。动物两侧肾上腺均保持完好。室温是 16℃(60.8℉),户外温度是−4℃(24.8℉),基础心率为每分钟 118 次。开窗后 4 分钟,每分钟心率增加了 10 次,13 分钟后增加了 24 次。这时将门打开使强劲的寒风吹过。再过 6 分钟,也就是从开始算起第 19 分钟后,心率达到每分钟 146 次,也就是说,比基础心率增加了 28 次,上升了 24%。然后关窗,9 分钟后心率由 146 降至 134,心率继续减少,直到关窗 16 分钟后心率复回到基础水平。我想强调指出的是,在整个试验过程中动物一直保持安静,因而它的反应全然不受到兴奋或躯体运动所造成的肾上腺素分泌的干扰。动物的交感神经系统仍是活跃的,这一点可由下面的事实证明:开窗 4 分钟后动物发生竖毛,并继续到关窗后大约 4 分钟,动物身上盖有毛毯。

图 29 用一组图来表明具有正常肾上腺动物用上述方法接受寒冷刺激后心率比基础水平增加的情况。寒冷刺激时间的长短用加粗底线表示,锯齿形或“V”形记号代表寒战。尤其要注意看到,寒战并非加快心率的必需条件,因为早在寒战开始前心率就已增加。这里有明显依据证明脉搏增快是由于肾上腺分泌。在例 46

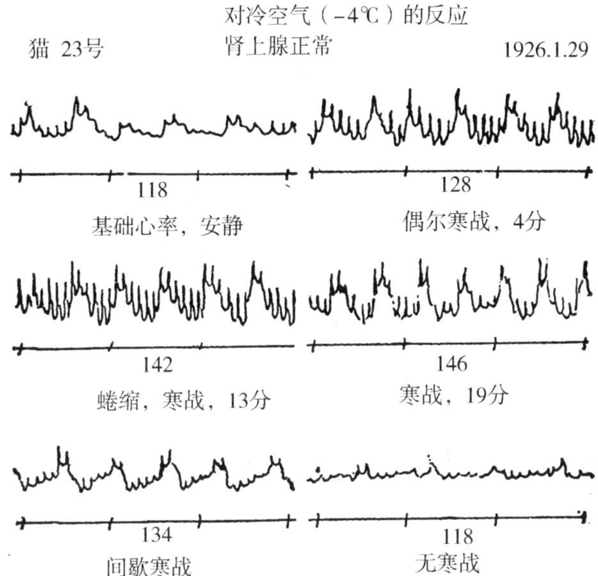

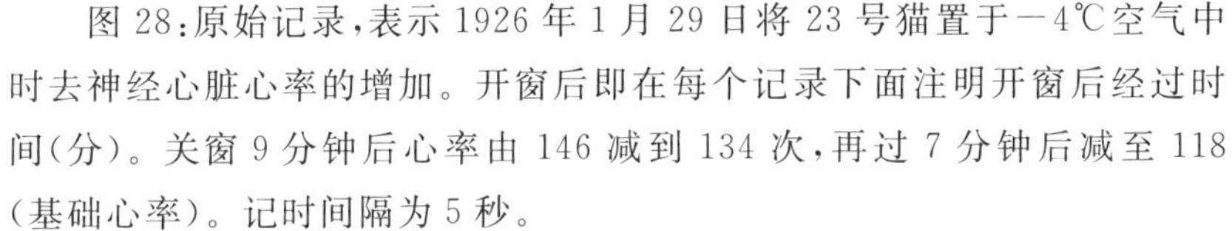
图 28：原始记录，表示 1926 年 1 月 29 日将 23 号猫置于－4℃空气中时去神经心脏心率的增加。开窗后即在每个记录下面注明开窗后经过时间(分)。关窗 9 分钟后心率由 146 减到 134 次，再过 7 分钟后减至 118(基础心率)。记时间隔为 5 秒。

和 49，图中虚线表示了消除肾上腺分泌后在同样的寒冷刺激条件下心率的变化。应注意到其主要的效应是心率减少而不是增加。

上述方法的缺点是受寒冷季节时间的限制。为了在任何时间内都可应用，我们设计了向胃内灌注已知的一定量冰水的方法。冰水自然能在任何时候和普通环境中容易得到的，可以方便地记录心率变化，而且还能准确定量。这后一个优点是重要的。动物的体重、体温和比热，所灌入的水量、水温和比热，都是可知的。动物的热量散入到胃肠道里的冷水之中。可以确信，循环血液能把灌入体内的冷水近乎等温地掺和到组成机体内环境的大部分体液之中。这样,在不产生额外热量的情况下能够计算出,使体温下降究竟需要多少量的冷水。这就能够估计出机体为保持正常体温而必须多产生的热。我们把这个量称为"热债"(heat debt)。这个方法的主要缺点,是在开始时对动物带来轻度的干扰,因为必须用管子把水灌入胃内。但这种干扰只是暂时的。

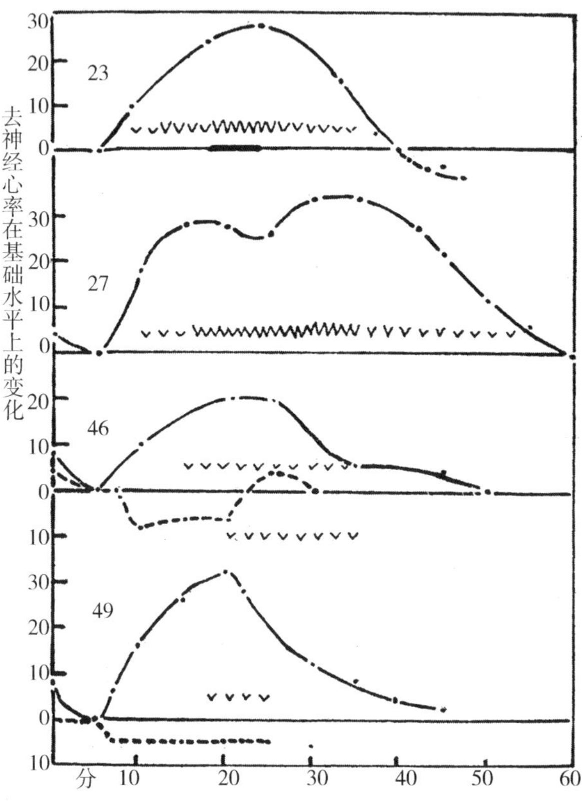

图 29:图示肾上腺机能完整的动物(第 23、27、46 和 49 号)接触冷空气后去神经心脏的心率在基础水平上的增加、接触冷空气的一段时间用加粗底线表示;第 23 号中双重粗线表示开门后冷风持续的时间,间断寒战用分开的"V"字表示,连接的"V"表示持续寒战。"V"字大小粗略代表强度.例 46 和 49 中虚线表示除去肾上腺髓质分泌后在相似条件刺激下心率的变化。

我们所测定的猫的热债是体重每公斤(约两磅)为 1500 至 2000 小卡。图 30 是一个原始记录,记载了 33 号猫被灌入形成 1850 小卡热债所需的 1.0℃(33.8℉)水量时它的去神经心脏的搏动。要注意到,心率一开始增加了 42 次,无疑是由于灌水的干扰。不久即减少了 8 次,此后心率在半小时以上的时间内一直保持一个高水平。在形成热债之后的整整一个小时内心率事实上仍比起始水平高 12 次。以后,使肾上腺失去活性,再使形成 1950 卡的热债,则如读者所看到,在 10 分钟内心率实际上就已回到基础水平。图 31 用图说明了类似结果。曲线 A,用 10℃(50℉)的水造成 2000 小卡热债,曲线 B,用 1℃的水造成 1820 卡热债。较冷的水在相当程度上具有较长效应。在曲线 C,用 33℃(91.4℉)的水造成了 250 卡的小热债。这里的主要效应是兴奋的结果;经过 10 分钟,这个干扰全部消失。

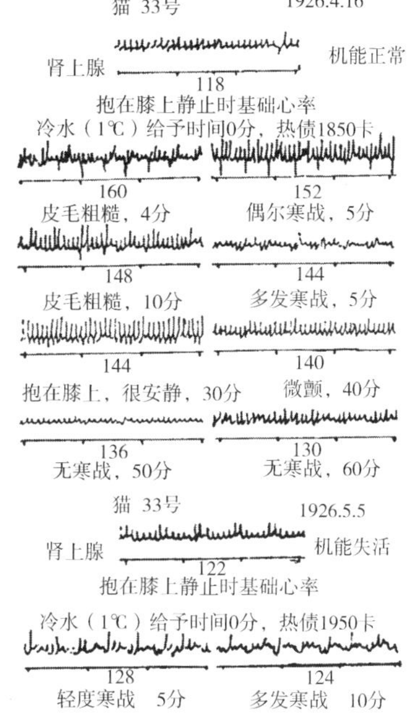

图 30:原始记录表示 33 号猫在 4 月 16 日肾上腺机能正常状态下给予 120cc.1℃的水(热债 1850 小卡)后去神经心脏节律的增加,以及 5 月 5 日,在肾上腺失活下给 116cc1℃的水(热债 1950 卡)后心率的增加。每项记录下面描写动物的一般状态和给水后经过时间。记时间隔为 5 秒。

通过这些以及许多其他类似的观察,我们得出了结论:能自然引起体温下降的各种条件都可以引起肾上腺素向血流分泌的

增加。

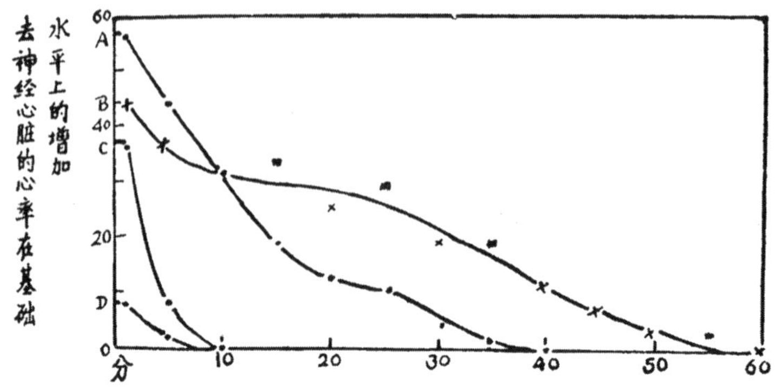

图 31:27 号猫在不同状态下胃内灌水产生热债后去神经心脏心率的反应性增加。A、B 和 C,肾上腺机能正常。A,热债 2000 小卡,水温 10℃;B,热债 1820 卡,水温 1℃;C,热债 250 卡,水温 33℃;D(肾上腺失活),热债 2000 卡,水温 1℃。

V

不同的研究工作者都曾发现肾上腺素具有产热的效应。布斯比和桑迪佛曾经证明:对人体注射 1 毫克肾上腺素,基础热就增加 50 大卡。肾上腺素能在机体面临过快散热的危险时增加分泌,而且肾上腺素的正常分泌量足以加速氧化过程,因此证明这种生理反应对机体所起的作用应当是可能的。我们曾计划用两种方法试验这种反应的意义。机体在肾上腺失活状态下其产热在很大程度上依赖于寒战中肌肉的自动收缩,并且在没有寒战的帮助下也能表现出代谢的增加,看来这二者都是可能的。因此,我们研究了在肾上腺机能正常或失去活性的状态下,一定的热债对寒战的效果,并且在人身上观察了无寒战条件下热债对代谢率的影响。

让我们首先考虑在肾上腺作用存在及付缺两种条件下热债对

寒战的效应。如果所形成的热债大，即用1℃的水使热债达到每公斤体重1000小卡，而室温在20℃左右时，通常会有两种产生热量的因素：即肾上腺素分泌的增加和寒战。在图29中的事实表明，寒战与肾上腺素分泌的高峰期是相一致的。但是我也曾着重指出，寒战并非肾上腺素分泌的必要条件；事实上，在心率虽有明显加快的情况下，寒战也可以完全不发生。我们发现，如果环境温度约为20℃而只需偿付900卡热债时，寒战很少发生，即便发生也是短时间的。如图32所示，在这种状态下，15次试验中只有2例发生寒战，而且只持续3分钟。与此相反，请注意在切除一侧肾上腺而另一侧去神经时所产生的结果。在同样条件下形成的相等的热债，除2例外全部造成寒战的发生，而且持续时间分别长达15、16和17分钟。由此可见，当机体失去肾上腺髓质的产热作用时，就要依靠寒战机制了。

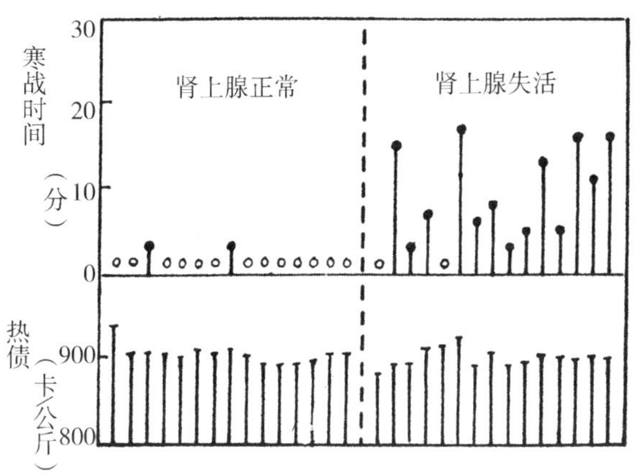

图32：图示约900卡热债下寒战有无的比较。一组猫具有正常神经支配的肾上腺，另一组切除一侧肾上腺，另一侧去神经。

在人体上进行了另外一些观察以试验在没有寒战的情况下热债对代谢率的影响。我们测定每公斤体重平均有449小卡的热债。在11人身上进行22次观察的结果，代谢平均最高增加率为

16%稍强，在这个均值以上的变异范围其上限为 38%。这些代谢率的增加并不伴有寒战。读者可能推测这是为造成热债而吞饮冷水和冰所带来的影响，但是，代谢增加的最高点平均在饮水和吃冰后 23 分钟，这对产生这个后果所需要的时间来说未免太长了。此外，如喝下与冷水等量的温水，则代谢率的增加平均只有 3.1%，而且增加的高峰都是有规律地出现在实验开始后第一个 7 分钟内，显然这主要是饮水的干扰带来的结果。这个事实清楚地表现在图 33。受试者 J. L. H. 在饮下 520 毫升 30℃（86℉）的水而造成每公斤体重 46 小卡的热债，立即使代谢率增加了 4%。随后又喝下 354 毫升 1℃的水，并吞下 130 克的冰块，造成每公斤体重 409 卡热债后，代谢率增高了 13.7%。要注意到出现了一个短时间的寒战，并突然而短暂地使

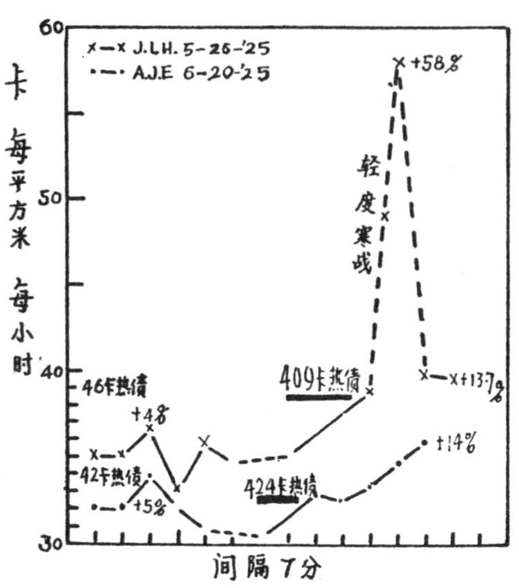

图 33：饮温水继而饮冷水及冰后导致代谢变化的情况。J. L. H. 饮用 520 毫升 30℃的水形成 46 小卡热债（每公斤）后代谢率立即增加 4%；饮用 354 毫升 1℃的水及 130 克冰形成 409 卡热债，导致代谢率增加 13.7%。出现轻度寒战，同时代谢率突然而短暂地增加到 58%。A. J. E. 饮用 420 毫升 30.2℃的水形成 42 卡热债后代谢率立即增加 5%；饮用 260 毫升 1℃的水和 139 克冰而形成 424 卡热债后代谢率逐步增加 14%，未发生寒战。每段虚线部分代表一次代谢记录。

代谢率增高 58%。对另一名 A. J. E. 的观察，则可完全避免其结果可能受寒战影响之嫌。在此例，通过 420 毫升 30.2℃(86.4℉)的水造成的 42 卡热债，导致代谢率立即增加 5%，随后又饮下 260 毫升 1℃的水和 139 克的冰，造成 424 卡热债。可以看到他的代谢逐渐增到 14%，而不伴有任何寒战。

过去的实验曾经表明，使低等动物肾上腺分泌增加的同样条件能使人体代谢增加，而且可以在不伴随寒战的情况下做到这一点。所以看来有理由得出如下结论：一种障碍性失热可以在人类和低等动物体内激发肾上腺髓质的活性，而肾上腺素分泌的增加无论对人或低等动物都有促进氧化的同样效应。

可能甲状腺和肾上腺同样参与体温调节的过程。我们知道：在疾病中，当甲状腺机能过度活跃时，体内产热就大量增加。也许寒冷刺激引起甲状腺机能的活跃并与肾上腺协同产生作用，但又以一种不太快的反应方式来促进氧化，至少有若干观察结果使人想到这种可能性。我们西部大草原上的牛在初冬季节遭遇寒冷气候时形成的甲状腺增大，被认为是它们具有特征性的变化。勒布(Loeb)曾报告，如切除其部分腺体，则在寒冷环境中生活的动物腺体残留部分比生活在温暖环境中者生长更为活跃。但这仅仅是提示性的证据。在我们能得出肯定结论之前，这里也还需要有更多的资料。

当我们考察机体对体温向一个方向或另一方向变动的阻遏机制时，有趣的是机体能针对这种变动作出成功的防卫反应。如果皮肤血管的扩张不足以阻止体温的上升，则会出现排汗甚至喘息。如果皮肤血管收缩以保存热量的条件仍然不能防止体温下降，则机体就通过分泌肾上腺素这种化学性刺激来加速氧化，如果这还不足以保护内环境防寒，则机体将依靠寒战以产生更大量的热。值得注意的是，除寒战外所有这些机能中都有交感-肾上腺机制在起作用。如杜沃金(Dworkin)在哈佛生理学研究所最近的研究报告所指出，当大脑中的间脑(见图 34)，这个交感神经系统的协作中心保持健全时，寒战本身能得到最充分的表现。

我们必须承认，在文明居民中维持体温恒定的生理机制没有多少机会得以发挥其机能。冬季，我们在保暖的住室和办公室里度日，并用保暖的车辆出外旅行。我们不论走到何处，都可以借助温暖的衣着，使温暖的气候永留身旁，因而只有很少的场合才需要保留住体内不断地产生出来的热，或者需要靠躯体活动来多产些热。而在夏季也是同样，电扇、冷饮、冰激凌和冷气房间减少了降温所需要的生理调节的用处。由于我们不去运用过去多少世代未享受过优裕生活的祖先传给我们的那些生理机制，我们有一天要失去重要的保护手段，这一点并不是不可能的。每天洗一次冷水浴并且总是干工作到出汗的人会保持健壮，因为他不让自己的躯体器官中很有价值的部分变得衰弱和因废用而退化。

VI

对体温的精确控制说明在机体的某个部分存在着敏感的恒温装置，它调节着我们曾讨论过的那些作用。在兔身上所做的实验表明这部分调节装置位于大脑底部的间脑之中(见图 34)。如伊森史密特(Isenschmid)所表明，可以切除大脑半球和此区前方的其他部分，虽然周围温度可以从 10℃(50℉)变化到 28℃(82.4℉)，但该动物仍能保持正常体温。如进一步把间脑也从躯体其余部分断开，就失去温度调节作用；就像一个冷血动物那样体温随周围环境而变化。注意到这一点是有趣的：间脑中存在着调节汗液分泌、寒战、也可能还有喘息的中枢——简言之，即控制产热和散热的自动反应中枢。

间脑中的恒温装置可通过两种途径受到影响，或者通过流向该部的血液的温度，或者通过体表发出的神经冲动。将流向脑部的颈大动脉之一的血液加温，则可以造成皮肤血管的扩张和出汗。反之，如冷却循环于该部的血液，则可导致寒战。L. 希尔（Leonard Hill）还发现，在一个热房间里出汗的人把他的手放入冷水中可以止汗，但如阻断通过上肢的血循环则不出现这种效果。局部仍保持着对冷的感觉这一点证明神经联系并未发生障碍。因此很明显，流动的血液本身可以直接影响调节中枢，对该中枢的神经反射作用的证据也是明显的。把冷水突然泼到皮肤上，其结果不是导致体温下降而是上升，这是由于表面血管反射性收缩而其结果干扰了正常散热。实验观察还进一步指出，如果一个人在29℃（84.2℉）的水中洗澡，他会感到寒冷并发抖，而通过这种反应保持了自己体温的恒定。但如果他在同样温度的碳酸水（Carbonated water）中洗澡，他就不感到冷，也不发生反应，结果体温就下降了。虽然我们已掌握关于脑部恒温装置反应这种双重控制的证据，但确实的调控方式——例如，传导给我们冷热感觉的神经对该部分的影响——尚未得到充分的了解。

尽管体温稳态的生理机制被人的文明生活方式所大大干扰，但我们知道这些机制仍然存在而且时刻处于准备行动的状态中。如果发生一种情况使机体倾向于某一个方向，则立即会发生一系

列过程来阻止这种倾向。如产生了一种相反倾向，则立即会有另外一系列过程来阻止它。这样，在与内外干扰条件的对立斗争中，机体完全自动地保持了内环境温度明显的恒定性。

参 考 文 献

Aub, Bright and Forman. *Am. Journ. Physiol.*, 1922, lxi, 349.

Benedict and Carpenter. *Publication* No. 261, Carnegie Institution, Washington.

Britton, Quart. *Journ. Exper. Physiol.*, 1928, xiii, 55.

Cannon, Querido, Britton and Bright. *Am. Journ. Physiol.*, 1927, lxxix, 466.

Cannon, Newton, Bright, Menkin and Moore. *Ibid.*, 1929, lxxxix, 84.

Cramer. *Report, Imper. Cancer Research Fund*, London, 1919, 1.

Dworkin. *Am. Journ. Physiol.*, 1930, xciii, 227.

Hartman, McCordock and Loder. *Ibid.*, 1923, lxiv, 1; cf. also lxv. 612.

Hill, *Journ. Physiol.*, 1921, liv, p. cxxxvi.

Isenschmid. *Hanbk. d. nom. u. path. Physiol.*, Berlin, 1926, xvii, 56.

Loeb. *Journ. Med. Res.*, 1920, xlvii, 77.

Lusk. *Journ. Physiol.*, 1924, lxix, 213.

Mc Iver and Bright. *Am. Journ. Physiol.*, 1924, lxviii, 622.

Zuntz. Biochem. *Zeitschr.*, 1918, xc, 244.

第十三章　机体的天然防卫

在某种意义上，躯体液床恒定性的维护完全可以看做该恒定性遭破坏时所发生的不利情况的一种防卫反应，而且，种种稳态机制无疑隶属于种种保护机能的总范畴之下。但是，机体对外部有害动因的存在或入侵而引起的危险所产生的十分准确的特殊反应，使得我们有必要至少对这些防卫机制的某些类型作一个简要的考察。首先让我们来考虑保护性反射。

I

如有异物进入鼻孔一侧，就会引起一种独特的痒感，接着就打喷嚏。鼻黏膜受到刺激，输入冲动通过感觉神经传到脑的底部，无需通过意志的作用就可把运动冲动传递给呼吸肌，先是张口作一次深吸气，然后经鼻和口将吸入空气强烈地排出。当这股气流通过鼻腔冲出时可能把刺激性异物一同带出去。如此，通过一个排除上呼吸道刺激物的有力反射而保护了下呼吸道。

但让我们假设这个异物穿过了鼻腔的防御，或经口被吸入，或"误入歧途"而被咽下，它在咽喉部会遇到几乎不可逾越的障碍，喉上神经将输入冲动传到脑部对呼吸中枢有抑制作用的部分，即刻急剧、完全地停止吸气动作，以防把有害物质带入肺内。但这一阻止步骤仅是反射的第一阶段,立刻又激起了剧烈的呼气——咳嗽,异物乃被向上赶出喉部。喉上神经的刺激不仅引起咳嗽反射,而且还引起吞咽反射,以使被驱出气管和喉部的任何东西又很快被带入食道内,这一事实是非常令人感兴趣的。当然,这种反射效应也能由下向上进到喉腔的物体或微粒引起,正如从上面进入者所能引起的一样。当我们患"伤风"影响到下呼吸道时,我们就是用这种方式清除气管内和支气管内的分泌物的。当喉部的敏感性由于该部神经的切断而失效,从而丧失咳嗽反射时,几乎必然地发生肺炎,这种情形足以证明这些反射所具有的头等重要性。

另外一组保护性反射可见于有关食物消化的过程。如同巴甫洛夫(Pavlov)用狗做人工唾液导管造瘘的实验所作的证明一样,任何具有刺激性(例如酸性)的,或容易干扰各部分相互间的自如活动的物质,放入口内就立刻引起大量唾液分泌。其作用在于迅速稀释此物质以减少其刺激,或将妨害活动的物质冲洗出去。

一个过大而无法下咽的东西如被推向口腔深处,就会引起咽部痉挛,继之以发呕到将此令人不快的团块呕出。

再者,一个刺激性的或对机体有害的物质进入胃内时,可以很快地吐出来。有一种常见的家庭疗法就是基于这个事实,即在饮料中加入芥末来使胃排空,即使该物质并不立即造成痛苦,也可引起一系列明显后果。首先,伴随着一阵恶心感,引起唾液大量分泌并不断咽下。同时,胃内这个异物刺激胃壁腺体分泌水样黏液,此液体稀释胃内容物使之减少刺激性,同时也使它易于排出。在此过程继续进行而恶心感加重的同时,呼吸也加快。这时X线下的观察显示胃是相当松弛的。突然,横膈和腹肌同时发生收缩,这大大增加了对腹腔内容物的压力。与此同时，声带间狭窄的开口(声门)关闭，使横膈下降时空气不致被吸入肺内，但能大大减少胸内压，穿过该低压部分的食道因而扩张；食道末端的括约肌张开；稀释的胃内容物遂被有力地喷出。这样，胃本身、胃肠道其余部分以至整体机体都得到了保护，免遭所吞下的有害物质的作用。

眼的外部表面，是另一个具有保护自身免遭异物伤害和侵犯的特殊防备的部分。它除了处在一个安全的骨质穴窝外，前面还有一个动作敏捷的屏幕，无论何时，只要危险临近，它立即关闭。不管多么细小的外界微粒一旦与眼接触，立刻就发生疼痛、流泪和眨眼。疼痛的作用在于立刻唤起注意以除去这种微粒，眼泪分泌亢进是为了有助于把它冲洗掉，而眨眼动作可为促进此过程带来机械性动力。如果这些作用未能达到目的，则会产生黏液以包裹异物，来保护与异物接触的表面。当一种液态的刺激物质与眼接触时，同样的反射就会出现，不过这时眨眼与流泪相配合来稀释该物质以减少刺激。通过这些方式，我们感觉器官的绝大部分，虽然处于十分外露的状态，仍能保护自身免遭伤害。

II

与这些具有立即反射性质的保护机制相类似的是机体保持自身完整性的一种较为缓慢的发展过程。皮肤被粗糙工具不断压迫和摩擦而产生了老茧，就说明这一类保护作用；老茧具有软垫和盾甲那样的两类保护作用。此外，如果皮肤被割破而需要清除创伤时，充填表面裂口的血凝块上会逐渐出现毛细血管，在这些细小血管周围生长结缔组织细胞作为支持组织，皮肤的生发层便延伸到这个愈合部分，尽管它有发白的疤痕，该部分最终将变得和原来一样地坚实。

内部器官的修复作用是值得注意的。它与表面组织不同，内脏在人类发生的历史过程中未曾经历过反复的外伤。假如说，肠子遭受这样的外伤，更为可能的结果会是死亡而不是修复。因此难以理解的是，究竟内脏的修复能力是如何“训练”出来的，或者说，在当时如何能存在这样一个基础来选择具备发展这些有利反应能力的生物体。而且，无论是肺脏、肝脏或脑，凡是外科医生介入的部分，被开刀的组织立即产生活动来达到愈合及重新组织。

多年前墨菲（Murphy）和我曾在 X 线下观察到，在小肠的起始部分（十二指肠）被切断和重新缝合后出现了一个奇妙的现象。虽然蠕动波有规律地通过胃部，但出口的括约肌（幽门括约肌）仍对它紧闭着，大约 5 小时后才松开来并让胃内容物进入受创伤的肠道。有趣之点在于这种迟延和愈合过程之间的联系。根据外科学观察，肠缝合后从修复性渗出到形成紧密的连结大约需要 4 小时。因此上述括约肌延迟开放的时间相当于为完成此过程而使胃内乳糜向前流动所需的时间。沿消化管所做的进一步切开与缝合也得到相似的结果，为完全了解关于损伤部位修复诸因素的作用方式，还需要做更多的工作。

属于这一类对条件改变的情况下而作的缓慢适应过程的，还有若干有利于稳态的对外界环境的反射。前面我们已经探讨了机体需氧时所产生的一组迅速出现的反应。但除此以外还有一种缓慢反应，它可见于处在低氧空气中达数日或数周之久的人体中。如果一个人开始在一个比如说 14000 英尺的高处生活，则血液中每立方毫米的红细胞数目由正常值(约五百万)缓慢地增加到七百万或八百万。在循环中这种氧载体百分率的增加,如同脾收缩后的迅速增加一样,当然比其他方式更能对远处组织提供较大量可利用的氧。在高海拔处肺泡氧的扩散压是如此之低,以至离开肺的每个红细胞都带氧不足,针对这种不足的唯一的即刻代偿方式是加速血循环来增加氧载体从肺到组织的周转次数,并照前述方式从脾这个贮存库释放尽可能多的红细胞以增加氧载体的数量。但这些都是应急的措施。如果机体继续缺氧,则长骨骨髓造血器官的活动增加,使血中红细胞持久地增多,直到个体又回到较低的地方。

与供氧稳态中这种慢适应十分相似的是机体对寒冷的慢速反应。我们曾经讨论过机体面临体温下降危险时所采取的一系列快速防卫手段,即表面血管收缩及毛发或羽毛竖起以减少散热;并且分泌肾上腺素及最后发生寒战来增加产热,但这些也还是属于应急的手段。有毛的动物,在寒冷气候下毛生长得更厚、更多。捕获毛皮动物的季节在冬天,剪羊毛则在冬末。遗憾的是,关于导致机体在不利或有害的外环境下产生这些保护性慢适应的刺激因素,我们还知之甚少。

III

除了外部的会损害机体的物理条件外,还有各种大小不同的具有危害性的生物。在口腔和肠道,在鼻腔,在皮肤上——实际上在躯体所有表面和所有管口中——的确都存在着无数细菌。它们当中大部分是无害的,但其中有些菌种能引起严重的炎症或疾病。

对抗这些有害菌种的最有力而直接的保护者是完整而健康的体表。仅当皮肤破裂或被切伤，仅当黏膜变弱或遭受损伤，才给这些外部敌人侵入我们的躯体造成有利条件。

病菌获得立足点后，它们通过下述三种方式，或者通过其中的一种或两种方式来造成危害：通过局部侵袭；通过局部产生的毒素进入血液而造成机体大范围的损害；或细菌本身进入血液而产生播散性的损害。

我们的躯体遭受细菌局部侵袭的方式，可见于小疮或疖肿之类的现象。多半系由于未能保持局部清洁，或由于轻微外伤或在全身状况衰弱的情况下，位于皮肤、毛发根部附近的化脓性细菌开始迅速繁殖。当这种情况发生时，可能由于细菌所产生某种物质的作用而带来刺激，作为刺激的结果是局部毛细血管受损而造成血管壁通透性的增高。于是血浆从血流渗出到组织间隙并凝固形成细小的纤维蛋白网。局部淋巴管也被这种刺激所损害，而被凝块所阻塞。这种纤维蛋白网和闭塞的淋巴管用机械方式将躯体其余部分与发炎区隔离开来。在此屏障建立后，立刻就有白血细胞聚集于该部并吞噬已被囚禁起来的细菌入侵者。在这种情况下机体以牺牲局部来保护整体。蓄积的物质可造成肿胀，并有胀跳感或疼痛。那些活着和死去的细菌，以及白细胞和损伤组织，经过一种特殊形式的消化作用而变软，在被包围的死腔内形成一种灰白色团块。这种消化过程继续进行并向皮肤表面侵蚀一条通路。当这条路开通后，这个称为“脓”的团块即被排出。皮肤内的局部反应用这种方式把机体的整体从有害生物因子的入侵下保护起来。本来照此得以避免的危险却有时在一些不小心的人身上发生，他

们在发炎部分尚未被包围隔离开之前就加以刺破，结果招致严重的毒血症。

细菌通过在某个表面局部繁殖并由此向血液内释放毒素而造成的损害，在白喉这个疾患中得到充分的说明。细菌产生的典型的白喉膜①可在任何黏膜上发生，不过通常是发生在咽后壁上。该部表层细胞遭到严重损害，但炎症反应阻止了细菌的侵袭。然而细菌在黏膜上繁殖过程中产生一种有剧毒的毒素，当它扩散到血流并传播到全身，就发生严重的后果。这种后果包括麻痹和死亡。对这种血循环中的毒素，机体的反应是产生一种能中和细菌毒素的保护性抗毒素。有趣的是，这种过程能在体外以某种方式得到复制。举例来说，如白喉菌在肉汤中生长，就能在其中产生出白喉特有的毒素。将此液体注射到一个低等动物（例如豚鼠）身上，即产生典型的毒性效果。但如将已产生抗毒素的动物血浆或血清与肉汤中毒素适量混合，则这种肉汤就失去其毒性而能安全地注射。用逐步增加剂量的方式重复注射白喉毒素，将使动物体内产生大量抗毒素而不致发生原来的疾病。这就是制造治疗人的白喉时所用抗毒素的方法。那些既在生物学上无知又不关心周围群众福利的人嘲笑这种抵抗危险疾病的方法。他们声称将马的抗毒素注射给人等于是注射“脏东西”。他们不理解，人在马身上得到白喉抗毒素，是在利用有机世界中最非凡和最出色的天然防卫作用之一，而且，将抗毒素用到那些遭受白喉折磨的人身上只不过是加强病人本身所发挥的天然防卫能力而已。这个方法现在已经

① 应是伪膜（pseudomembrane）。——译者

作为我们对白喉这种可怕疾病的对策了;而且类似的方法也用于其他具有相似性质的疾病上。

当细菌本身的侵犯比所产生的毒素成为更重要的因素时,我们机体的反应也相应地将其矛头从对抗毒素转而指向这些入侵者。血液通过产生“抗体”而获得使细菌聚集成群的能力。在这种促进细菌聚集的变化过程完成时,在血浆中的一种天然物质——补体就常常能杀死这些细菌,但如果不经过抗体的预先作用,这种补体是不能起作用的。此外,白细胞及其他能吞食细菌而加以消灭的细胞,在细菌经抗体作用而产生变化后,就能更有效地行使其防卫职能。显然,这些正在寻找食物的细胞的杀菌效果取决于他们能捕捉和消灭的细菌数量,而如果细菌成堆或成束地存在,则在一系列偶然遭遇中捉到的细菌数量必然会比细菌单个存在时要多。由此可见,在血液的作用中保护性抗体的产生,不仅能够致敏有害细菌,使之易于被化学作用和吞噬细胞所消灭,而且能够扩大这种杀菌的规模。

正如用人工注射毒素能促使在血液中产生抗毒素一样,注射一种传染病的病原菌可用来刺激产生该细菌的一种特异抗体。在这种方法中只能采用死菌或经过培养把毒性减弱了的细菌。这就是用来保护军队——还有个体居民——免患伤寒以及与之类似的疾患的办法。

IV

在漫长的人类历史中,细菌并非人类的唯一有生命的敌人,在原始年代,可能还不是最主要的敌人。当时存在着未开化的生物、人及类人动物，他们暗中窥伺，随时都可以不带一点预先警告而发动袭击。当时还存在着战斗、复仇、安全和捕食的各种需要。在这个严酷无情的“学校”里，恐惧和愤怒成为行动的一种准备。恐惧导致奔走、逃跑这种本能的发生；而愤怒或好斗的情绪则激起攻击的本能。这些是基本的感情和本能，它们是许多世代激烈的生存斗争经验的产物，而且在这种斗争中具有它们的价值。

关于躯体在巨大的情绪兴奋中所发生的种种变化，我曾在别处详细讨论过。这里可以把它们概括起来，用以说明在机体天然防卫这个问题上除以上所谈过的情况外的另一个不同的侧面。

在讨论血糖、供氧、酸-碱反应及体温的稳态时，我描述过若干适应性的反应，它们在虽然发生严重干扰的条件下仍能使机体保持一个平稳的过程。值得注意的是，这些反应发生时，多数情况下都伴有愤怒和恐惧的强烈情绪。呼吸加深，心率增快，动脉压升高，血液分布从胃肠移向心脏、中枢神经系统和肌肉，消化道的各种活动过程中止，肝释放所储存的糖，脾收缩并放出浓缩在脾内的血细胞，并从肾上腺髓质分泌出肾上腺素。人们从这些变化与自然伴发的恐惧、愤怒之间的关系中找到了体内发生这些令人惊奇的变化的解答——跑开是为了逃避危险，而攻击则是为压制对方，无论何者都可以紧跟着一场生与死的搏斗。

上述的情绪反应从道理上说可以看成是战斗的准备。这些反应属于适应作用，亦即尽可能地使机体在一种将要面临的需要面前作好准备。分泌的肾上腺素配合交感神经冲动将储存的糖元从肝脏动员出来，这样就使血液中糖分增加以便做工肌肉来利用；肾上腺素帮助血液再分配以增加心、脑、四肢（也就是对强烈体力活动重要的各部分）的供血，同时把血液从腹腔内被抑制器官移走；肾上腺素可迅速排除肌肉疲劳的后果，因此机体通过动员肾上腺素进入血液来使疲劳肌肉恢复原有的工作能力；肾上腺素还使血液能更快地凝固。呼吸加快、再分配的血液在高压下奔流，以及更大量的红细胞由脾脏中释放出来，既提供了不可缺少的氧，又有助于排除酸性废物，而且为瞬时即发的、关键时刻的行动作好准备。总之，所有这些变化都直接有助于使机体能更有效地猛烈发挥出可被恐惧或愤怒所引发的能量。

有关我们从事繁重肌肉运动时所作的各种安排以及在强烈感情兴奋时提前出现的准备状态等值得注意的情况，我们参考一下人种发展史就可以得到最好的理解。在多少世代里，我们的祖先不得不用肉体上的奋斗，也许是付出全部力量，来面对危及生存的紧急事态。这种生存竞争在很大程度上是神经和肌肉的竞争。那些具备最快和最充分的适应能力的机体能胜过那些适应能力较差的对手。机能上的完善具有生存的价值，我们可以恰如其分地把机体面临或预见到强烈肌肉活动的需要时动员机体发挥出力量的精巧的安排，看做是自然选择的自然产物。

与恐惧密切相关的是疼痛。实际上恐惧被解释为疼痛的先兆。照例，疼痛与伤害因素的作用相随，这一点在切伤、烧伤和挫伤中能很好地得到说明。诚然，也有一些对躯体带来严重损害而不伴有任何疼痛的例子——例如肺结核；也有一些像神经痛这样的例子，有剧痛，但对机体整体来说并不造成相应的危险，但这些都属于例外，疼痛是危害和损伤的征兆这样一个规律是不变的。根据经验，损伤与破坏的因素和产生疼痛的因素，这二者成为互相伴随的因素，因而我们和这些因素间的关系要以它们所产生的效果来判定。这样看来，疼痛是帮助我们避免重复那些最终将会结束生命本身的行动。

V

前面关于躯体天然防卫某些方面的回顾只能看做属于解释和设想的性质，可以说不是十分完全的，其中每一类作用还能引用更多别的例子。总之这些解释将有助于阐明机体的自然机制通过怎样不同的方式保护机体免遭伤害，并在一旦遭到实际损伤时又加以修复和复原。许多这一类保护和愈合作用仍然给人以奥妙之感。我们不知道这些作用是如何开始又如何得以继续直到躯体再度得到保全为止的。当我们对此有了充分的了解时，我们就能加以利用了。

值得注意的是，在对细菌及其毒素侵犯的抵抗活动中，液床内存在着活跃的保护性装置。我们还看到，保持血液恒定性的作用也开始产生——至于是怎样产生的，迄今尚未完全了解。体内产生了能中和毒素的抗毒素，并且出现了能参与摧毁入侵细菌的抗体。因而内环境以及机体本身都得以保持其正常状态。在情绪动荡时发生的各种变化，乍看起来可被认为是稳态的一次严重打乱，就其本身说来也许就是如此；但我相信这些只能解释为肌肉极度用力而作的准备。这种情况一旦发生，则液床中的这些变化马上就显示出它的用处，并通过这种肌肉用力本身所造成的后果而迅速地被中和和消解。

参 考 文 献

Cannon. *Bodily Changes in Pain, Hunger, Fear and Rage*. New York. 1929.

Cannon. *The Mechanical Factors of Digestion*. London, 1911, 57.

Cannon and Murphy. *Annals of Surgery*. 1906, xliii, 512.

Izquierdo and Cannon. *Am. Journ. Physiol.*, 1928, lxxxiv, 545.

Zinsser. *Resistance to Infectious Diseases*, New York, 1931.

第十四章　躯体结构与机能的安全界限

I

1907 年，麦尔策（Meltzer）在一篇重要的、富有启发性的论文中提出了他为阐明一个问题所收集的一批事实而引起了人们的注意，这个问题是：究竟我们的躯体是建造在一个有宽绰余地的、还是卡紧了的设计方案之上？他指出，当一个工程师估计一个桥梁必须支承的重量，或一个蒸汽锅炉所要经受的压力时，他不会在结构建造中仅仅限于准备承受那些应力。工程师为了使结构充分可靠，要将他估计的数字扩大 3 倍，6 倍，甚至 20 倍。所谓“安全系数”（factor of safety），就是对加大材料强度的一种估量，这种强度要高于根据需要计算出来的数值。我们的躯体是如何建造的呢？这是麦尔策提出的问题。躯体是否建立在过于狭窄的设计基础上？防备机能是否刚够保持我们的安全？或者，有没有预计到不测事故，即是否已把面临紧急状态时我们需要算进去的安全系数考虑在内？

我们已掌握了回答这些问题的若干证据。我们已经知道身体里存放着糖、蛋白和脂肪的储备品，以备外界供应中断之时的所需。我们已弄清楚血糖虽经常保持在 90 或 100 毫克%的水平上，实际并不需要这么高,它可以降到 65 或者 70,有时还可以更低而不发生不适的症状,而且一般来说,只有在 45—50 的低水平时才出现严重问题。如果把 50 毫克%作为我们所说的“适度供给阈”(threshold of adequate supply),或叫做“不足阈”(deficiency threshold),那么血糖的安全界限可能大约在 100 毫克%。

类似情况也见于血钙的调节。如我们所知,正常浓度约为 10 毫克%。当浓度降至近一半时就发生惊厥;但此浓度可以降到 6 或 7 毫克而不致有损害机体的危险。犹如血糖浓度的百分率一样,血钙浓度的百分率也具有相同的界限。

II

我们看到在循环器官及其机能上也存在着一个大的安全系数。虽然我们的正常收缩血压是 110—120 毫米汞柱,它可以降至 70—80(即约⅓)而不达到引起组织供血不足的临界水平。显然这里有一个安全界限。在抽出大量血液,甚至多达估计血容量的 30%或 40%之后,血压仍可以很快回升到接近于正常的水平,这一点证明血管舒缩装置是为安全而建立的。如同机体内其他重要配备一样,一系列装置保证着维持充分的血液流通。血管舒缩中枢位于最靠近脊髓的脑部(延髓)。当该部分遭到损伤或破坏时,辅助中枢很快就确保了控制,而当后者也被除掉时,交感神经节就取代了支配地位。最后,如 B. 坎农(Cannon)最近所证明,可以除去所有交感神经的作用,其后,血管壁本身就能根据血管内的血量来适当地调节血管的容积。因此,甚至在这种血量减少的最后可能阶段,血压仍保持在接近通常的高度。

我们也曾有机会观察到心脏具有应付非常需求的巨大能力。通常它以中速搏动并搏出中等量血液，但在任何一瞬间都能立即以加倍的速度收缩，每次搏出加倍的血量，而且是在动脉压可能升高 30％或 40％的情况下！这是一个拥有丰富的力量储备，具有惊人的能力和适应性的器官。

III

如同在循环系所看到的一样，我们在呼吸机能上也发现一个大的安全界限。疾病证明，即使在肺的大部分被破坏的情况下，生命仍可维持。在某些肺炎病例中，一侧肺可以变得坚实如肝脏，而不致严重影响躯体的氧气供应或二氧化碳的排除。这一点被如下的观察所支持：在一侧肺萎陷以致不能再换气或在半个肺被切除的情况下，机体仍能忍受而不发生严重困难。因此单就肺而言，其安全系数至少是 2。

此外，从肺运送到组织的氧量比日常需要量大得多。如同我们在前面已经注意到的，从肺部流走的血液负荷着大约 18 体积％的氧，当我们处于静止状态时，流回的血液中所携带的氧仍有 14 体积％。在血液流经远处的细胞群时，它提供的氧比实际消耗的要多 3.5 倍。

失血，或登上空气稀薄的高处，或因一氧化碳中毒而限制了红细胞带氧的能力时，适应这些状态的综合作用——心率加快，血压升高，从脾内释放额外红细胞——也应当包括在呼吸机制结构的安全系数之内。

IV

在躯体结构中一个值得注意的事实是，它的器官有许多是成对的。机体要继续生存和维持其工作效率是否一定要成对器官同时存在呢？不是的。两侧肾可以切除一个——实际上甚至可以切除每侧肾的⅔——而不发生肾功能的严重障碍。尿液分泌的量和成分实际上是保持不变的。这个有意义的观测结果也许能够联系到费城的理查德（Richards）所做的重要观测，即在任何一个时间内肾脏的许多肾小球是不进行工作的——这个情况直接提示了应付特殊负荷的一个丰富储备。

在其他成对器官也有这种类似的甚而更大的安全界限。众所周知肾上腺的皮质是生命所必需的。如两侧腺体都被摘除，则通常在36小时内发生死亡，但只要留下⅒的腺体组织，机体的生存就不致遭到威胁。此外，甲状腺完全摘除会导致黏液水肿，其表现为代谢低下，反应时间延迟，皮肤干而厚，以及其他的不正常后果。但甲状腺可以摘除⅘的组织而不出现任何上述症状。如前已指出，4个小的甲状旁腺对维持血钙的固有浓度有极端的重要性。如果全部摘除除非给予最熟练和明智的护理，否则就会发生惊厥、昏迷和死亡。但是，至少除掉其中的两个是完全不会发生任何障碍的。

在神经系统中，高度伸长了的起传导作用的细胞与其原来简单的、圆的形状相比，发生了十分特殊的改变。细胞从这种简单形态开始，分化程度越高，就越不易再生。根据目前的证据，如果任何这种长的神经元被破坏，是不可能像在肝细胞局部破坏后所发生的那样由邻近细胞分裂、生长来取代的。因此，视网膜鼻侧神经细胞的损伤永远不能得到修复；在损伤部位会留下一个经久的盲点，不过可以通过另一只眼的对应侧或颞区的作用而得到代偿。无疑，成对感觉器官的安全系数至少是2。同样的关系也适用于迷走神经。虽然切除两侧迷走神经导致明显的消化和呼吸方面的障碍，并且可能在数日之内死于肺炎，但只要保留一侧迷走神经就能发挥作用而不致产生任何明显的障碍。像迷走神经一样，向腹腔内脏广泛发布冲动的内脏大神经，当其中一侧被切断后，并不发生明显的损害。与它有关的腹腔器官重要机能在一切方面都十分正常地继续下去。

基于神经细胞不能再生这个概念——在我们身上这些细胞只有一份，如遭破坏或损害则不能再生或修复——我们可以假设脑的安全系数为零。但是丹迪（Dandy）曾报告，由于肿瘤的生长而需要手术时，他曾将基底神经节以上全部右侧大脑半球切除，不仅未发生生命危险，而且在精神特征或机能方面也未见明显的变化。同样，切除脑的两侧额叶也未发生显著的后果。病人完全能分辨时间、地点和人物；记忆未丧失；他能读、写并正确地回答数学测验，在谈话中与正常人没有区别。切除左侧枕叶或左颞叶的下半部也未损害智力。事实上，只有在左侧大脑前动脉供给的脑区供血中断时才发生永久性意识丧失。显然只就支配意识活动的大脑机能而言，存在着一个广阔的安全界限。的确，切除一侧大脑半球会造成躯体对侧肢体的瘫痪，但并不影响两侧同时收缩的那些肌肉——例如对保持生存不可缺少的呼吸肌和吞咽肌。

值得注意的是，脑和脊髓由于本身负有协调及控制机体活动的重要职责，并因其受伤后缺少组织再生能力的特点，而被特殊地保护在坚固的骨质容器中。颅骨虽薄，是由坚硬骨质构成的；而包围着脊髓的脊柱，虽然分为许多椎节(vertebral segments)以保持一定程度的屈伸性，是得到了韧带和周围肌肉强有力的支撑的。

V

单独器官的安全系数可能比成对器官的更为突出。胰腺产生的内分泌即胰岛素，是机体对糖的正常利用所必需的。如前所述，完全摘除胰腺会立即产生严重的糖尿病。但可以切除该器官的⅘而不产生有害后果；只要五分之一就能满足机体对胰岛素的需要。

肝脏提供了另一个有趣的例证。如麦尔策所指出，这是一个具有许多重要机能的器官。它对糖、脂肪和蛋白的代谢起着很重要的作用。它供给血液凝固所需要的因子来保障内环境，它把有毒的氨化合物转变为相对无害的尿素，它排泄由红细胞破坏而形成的色素，它守卫并阻止金属毒物由消化道进入大循环，从而防止它们散布到整个机体，它还可能与红细胞生成有着重要的联系。肝脏是体内最繁忙和最具有多方面能力的器官。尽管它所担负的功能是多种的和重要的，仍能摘除¾而不引起任何表明有严重障碍的症状。肝脏结构的组成明显地大大超出正常需要以上。

此外我们在消化道发现的证据说明我们躯体的器官不是在节约和省俭的程度上构成的。在处理疾病或事故的手术时，胃被切去大部，而消化和营养并未受到严重的损害。切除大约10英尺小肠而病人并未遭受重大的有害后果。在许多病例中切除了大部分大肠而事实证明的确带来了有利的后果很明显，消化道从其结构的数量上来看是大大超过其功能的需要的。

胃切除之所以能不给消化作用带来大的影响，一个理由是胰液含有与胃液中类似的能分解食物中蛋白的酶。机体作用中像这种留有余地的重复装置也见于淀粉的消化装置中；唾液腺和胰腺二者都产生淀粉酶。因此，我们的 6 个唾液腺对消化来说并没有根本的重要性；它们可以全部去掉而不影响机体对糖的利用。脂肪也是这样，如果能把它乳化得很细（例如像牛奶中的脂肪），则没有胰液的脂肪酶也能得到消化和吸收，因为在胃液中有类似的能乳化脂肪的酶。因此我们在消化道的结构和机能中再次看到有大量而充足的装置来保证机体的生存。

VI

可以引用更多的例子来说明我们躯体各个不同部分的结构存在着一个广阔的安全界限。例如，麦尔策写道：

“大多数器官内所具有的活动组织大大超过了这些器官正常机能的需要。某些器官中这种多余量达到实际需要量的 5 倍、10 倍甚至 15 倍。生殖器官的组织，为保证其机能的成功，存在着惊人的过剩和耗费现象。此外，某些器官如心脏、横膈等拥有的潜在能量十分丰富，远远超过了正常生命活动的需要。许多机能装置是双重或三重的，以保证机能的迅速运转。在许多例子中，一个器官的机能得到了其他器官的及时支援。安全系数的保持还得到了活的机体所特有的自我修复的机制的支持。这样我们就可以有把握地说，有生命机体的结构装备不是建立在节省的原则上。相反，组织与机制的超量现象，明确地反映了安全才是动物机体的目的。”

VII

医学的先驱者曾用过这样的提法：“天然治愈力”[①](vis medicatrix naturae)。当然，这表示对如下事实的承认：伤后的修复和病后的康复这类过程在相当程度上不依赖医生的治疗而得以进行。至今为止我所作的关于躯体中各种保护与稳定的装置的全部论述，是对天然的治愈力(vis medicatrix)提供一个现代的解释。如我们已知，自动的生理反应通过各种不同的方法在许多年期间使机体的正常状态得到维护或使其被打乱的平衡得到重建。在人类历史上曾有过各式各样的方法用来治疗疾病，从敲鼓避灾到手摸治瘰疬[②]以及求助于祈祷，这一切都曾因病人在这些方式下得到恢复而被合法化。只是最近时期内，有一些相当数量的人想单独试一试天然作用的效力并想看到这种作用是恢复健康的有效因素。但是如果身体在很大程度上能保护自己的话，医生的作用又是什么呢？

首先，受过良好训练的医生熟知躯体的自我调节及自我修复的可能性与局限性。他掌握并应用这方面的知识，不仅用来指导自己合理地行动，而且也用来鼓励希望从他那里得到指导的病人。

① 拉丁文，意为“天然的治愈力”。相当英语的 healing force of nature.——译者

② 原文是 royal touch。过去的一种迷信疗法，认为用手摸人可治好瘰疬(即颈淋巴结核)，瘰疬在英语又称 royal evil 或 king's evil。——译者

例如，外界的热加上体内劳动部分所产生的热可达到如此之多以致迫使体温升高到危险的程度——也就是说适应机制可能被压垮，除非机体马上得到精干的医生所能提供的那种外部帮助。或者举另外一个例子来说，严重的恐惧心理及其伴随引起的准备反抗的体内变化，在原始生活中紧迫需要肉体上努力时可有其作用，但在文明的生存条件下可能是对重要生命机能产生有害影响的因素。这些都是一个有知识的医生所理解并能以有益的、有利于治疗的方式给以解释的事情。

此外，医生比一般人更了解，机体许多显著的自动调节能力（包括一切修复过程）需要的是时间，只要得到时间上的保证，这些机能就能对机体恢复其功效发挥重要作用。因此，高明的医生极力强调这样的条件：即保证各种必要的机体作用直到所丧失的或受损害的部分得到再生、加强或代偿为止。

另外，医生知道自己掌握着治疗药物的支配权，这些药物是能够支持或代替我们曾讨论过的那些生理性自动校正或自我保护作用的。例如当他用胰岛素治疗糖尿病时，他知道他所用的治疗正是以自然方式来执行一个被破坏的自然机能，并且不是正骨术或精神疗法所能代替的。或者在他对黏液水肿或克汀病使用甲状腺素时，他也知道他是对一个生理缺陷使用一种生理因子。他还十分了解，抗毒素是用来帮助作为躯体自卫所必备之一的防卫反应的一种手段。他也能认识到如下事实，即一种治疗方式用于病人以恢复健康通常比用于健康人的更有效。所以应用冷却法能降低高热，而同样的方法并不降低正常体温。又如，一剂甲状腺素能显著提高甲状腺机能减退所造成的低代谢，但对提高正常代谢则效果极微或全无；对一个重度糖尿病例所用的一剂胰岛素比对一个轻病例具有更大的作用。自然机能本身照例是和人为治疗因素共同作用的，所以作为医生，理解到了这一点，就能对机体被打乱的或需要加强的自动调节适应能力发挥自己的作用，使之得到恢复或加强其效能。

最后，医生所能提供的一个重要帮助是，给他的病人带来希望和增强勇气。仅仅这一点就能证明医生的价值。他通过工作曾见到许多病例中机体的恢复作用。通过我们所考察的各种事实，我们已很了解给病人以希望和鼓励的充分理由：体内存在着针对扰乱的内外条件而设置的维持稳定的极好装置，有抵御敌人——包括野兽和镜下细菌——以保护自身安全的出色防备，以及在结构强度和机能负荷上有着超出通常需要以上的非常宽绰的界限。当我们为疾病所恼，并且我们机体的力量似乎不足时，我们应当想到这些时刻准备为机体利益而工作的保护和康复的力量。

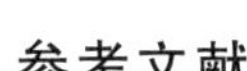

参考文献

Cannon, B. *Am. Journ. Physiol.*, 1931, xcvii, 592.

Dandy. *Am. Journ. Physiol.*, 1930, xciii, 643.

Meltzer. "The Harvey Lectures," 1906—1907, i, 139.

Richards. "The Harvey Lectures," 1920—1921, xvi, 163.

第十五章　神经系统两大部分的一般机能

I

我们现在已经讨论完毕就目前所知的并已充分确定的关于稳态的几个方面和我们对躯体天然防卫的若干问题以及结构和机能的安全系数。要想进一步深入观察机体所造就的、经得起环境剧烈冲击的弹性与耐力，就得考察稳定性赖以实现的那些途径。

作为试图了解液床中稳定状态的管理方式的一个基础，我们必须记住神经系统机能的概要。神经系统按照其机能可分为两大部分：一个是个体与外环境相联系的对外反应的部分；另一个是作用于内脏即主要是管理内环境的对内部分。我们的兴趣特别在于后一个部分，但在正常生活中这两个部分是分不开的。

II

我们都熟悉脑和脊髓的外观以及它们在颅骨和脊椎骨内各自的位置。我们也知道神经纤维把脑和脊髓与体表上每个点以及我们能运动的每个肌肉连结起来。从体表传入的纤维即所谓“感觉纤维”所接受的刺激是通过感觉器官，也就是“感受器”或“外部感受器”(exteroceptor)(以区别于内部感觉器官)来传递的。这些外部感受器通常是细胞或细胞群或细胞层,它们能分别感受不同类型的外界刺激。这些感受器计包括接受触觉刺激的触觉小体,接受冷热的温觉末梢,接受空气中化学物质刺激的鼻内嗅区,位于舌上的接受溶于水中的某些化学物质刺激的味蕾,感受通过骨性杠杆所传导的空气震动的内耳,还有对光波具有敏锐感觉的眼。某些感受器要求与刺激因素直接接触,例如触觉和味觉感受器,其他如嗅、听及视觉部分则可感受躯体以外不同程度距离的变化,因而被称为"远距离感受器"(distance receptor)。通过这些体表的敏感器官,我们得以熟知周围物体的一切种类和状态,从一块布的质地直到亿万光年之遥的星球的特征。

传入神经纤维把感觉的神经冲动从每个外部感受器传导到脑或脊髓——即"中枢神经系统"。在外界因素刺激感受器的时刻,这些神经纤维报告刺激时间以及刺激的程度和特点。

从中枢神经系统发出一些神经纤维到操纵骨骼活动的肌肉,也分布到另外一些不附着于骨骼的面部肌肉。接受这些"运动神经"支配的肌肉称为"效应器"或"效应器官"。当然,"运动神经"除非能够使肌肉活动,否则是无用的,而肌肉如果不受神经冲动的支配而运动也会同样变成无用的,就像瘫痪病人那个样子。因此,自然应该把神经系统的对外作用部分看做是一种神经——肌肉组织(neuro-muscular organization)。

脑和脊髓是由极为错综复杂的神经束装置组成的,这些神经束能把来自外部感受器的输入通路上的每一个站与通向效应器的输出通路上的每一个站之间连结起来。因而个体对所接受的一种刺激(例如左肩部的痒感),或反映复杂的外界状态的一组刺激(例如一个脱缰的马）都能够发生特定的调节反应，从而使所产生的行动适应其需要。

III

最简单的反应就是反射，即机体对感受器传入刺激发生反应，立刻发出运动冲动而并引起肌肉收缩。喷嚏、咳嗽、眨眼以及保持姿势，都是反射的例证。这些反射通常都具有保护作用。这些动作可以说都是不随意的，而且不伴有任何意识的活动。还有更复杂一些的反应是与感觉和情绪相关联的，诸如笑、哭，还有种种典型表现的愤怒与恐惧。这些反应和反射一样都不是学会的；因为它们能在人生的早期即有所表现，作为模仿动作来说是为时过早了。负责管理反射活动的部分主要在脊髓和脑的下部（即延髓和中脑，见图 34），该部紧连着脊髓。这些反应属于本能类型，近似于反射，其中枢位于脑的底部。例如，愤怒的生理表现，如巴尔德所指出的，在间脑以上所有部分都被切除后仍能得到相当充分的显示。这种现象在进一步切除间脑后立即消失。

位于大脑半球外层的大脑皮质，是负责联想性记忆和一切对周围环境的肌肉反应进行复杂调节的一种器官（见图 34）。在中枢神经系统的其他部分我们和低等动物可能没有太大的不同，但在大脑半球中，我们有几乎无与伦比的差异。与任何低等动物相比，人的感受器和肌肉效应器的神经联系在这个区域中是最丰

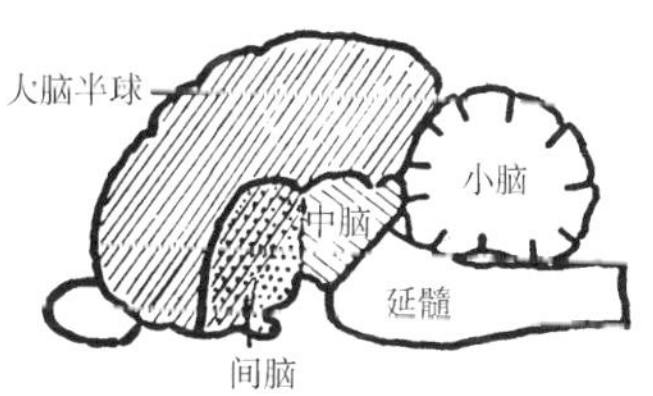

图 34：哺乳类脑的正中切面。CH，大脑半球；D，间脑（用点标出部分）；M，中脑；Md，延髓；Cb，小脑。

富和最细致的，而且在感受器与效应器的中枢之间相互联系也复杂得多。人与其他哺乳动物相比之所以具有更高的智慧和改造外部世界的非凡能力，就是建立在这种大脑皮质神经联系的精巧构造基础之上的。

IV

有机的生物体必然要遇到的基本问题，即继续生存和种族繁殖，要求两个基本的活动：运动与捉拿(grasping)。这类活动一向是以各种不同的巧妙的方式进行着的。照例，鱼类以上的脊椎动物，运动是四肢的一种机能，即使鱼类也是利用与四肢相当的器官即鳍和尾部来达到运动的目的。在鸟类，在其进化的实验过程中，曾经力图改造其前肢以实现其空中运动的目的。但把两对肢体都用于运动，就使多数脊椎动物把捉拿的机能留给了牙齿，鸟类则用喙，象则用鼻。这自然反映了器官的专门用途或双重用途；蛙用它的短腿抓取，熊站着抱物，松鼠以其前爪抓核桃，而猿猴类则有一双类似手的脚，不仅用来行走也能用以捕捉。然而在人类，充分完善的机能分化达到了这样的地步，即后肢专司运动而前肢和手专司捉拿。手能执行一切方式的动作，这种突出机能的发展显然是与前脑和大脑皮质的复杂结构的发展分不开的。手创造了工具和器械——镐，锯，刷子，手术刀，车床，汽锤以及不论其他什么东西！这些东西惊人地提高了手工操作的强度和精巧度。工具和器械又反过来用于创造能够大大扩展我们感受器的作用范围的装置——例如用于观察细微物体的显微镜和用于观察远方物体的望远镜以及能从远距离收听大气中精微的电脉冲的无线电收音机和扩

大器。

脑脊髓神经系统精巧地配备着敏感的外部感受器和一批能达到所要求的任何角度以及几乎向任何方向操纵许多骨骼的肌肉群，这个神经系统的作用可使机体通过劳动、奔跑和战斗来改变外界环境或改变本身在此环境中的位置。这些对外的活动可以专门叫做“外效应”(exterofective)活动，而所谓“随意神经系统”可以很恰当地称为神经系统的外效应部分(exterofective division)。但我们已经知道，外效应活动必然会使内环境也产生相应的变化，如血糖的利用，酸性废物和过多的热向血流内排放等。在这种状态下，“不随意神经系统”通过对心脏和其他内脏的肌肉、腺体的影响而发挥作用以维护内环境使之适合随意运动的继续。由于不随意神经系统这种对内机能的存在，有理由称它为内效应(interofective)系统[①]。现在我们就来讨论这个系统的组成情况。

V

神经系统的内效应部分除称为“不随意”系统外，又称为“植物性”或“自主”神经系统，称为“植物性”是因为，它与运动、捕捉这种动物性机能相比，在更大程度上与机体的营养有关；而称为“自主”是由于它能自动地动作而不靠大脑皮质的命令。自主神经系统的任务是调节内脏机能以适应机体整体的需要。我们必须知道它所具有的一些特性以便能够理解后面将要提到的一些实验的意义。

---

① “外效应”、“内效应”皆为著者所命名。内效应系统又译为内环境调节系统。——译者

图 35：自主神经系统分布略图。左侧为脑和脊髓部分。图中未画出躯体系统的神经。节前纤维用虚线表示，节后纤维用实线表示。详见正文。(摘自 Bard〔after Cannon〕，“Foundations of Experimental Psychology.” Courtesy of the Clark University Press.)

首先，由自主神经纤维所支配的内脏部分是平滑肌(“平滑”一词是用来区别于附在骨骼上的横纹肌的)和腺体。平滑肌细胞可见于毛发根部、血管的被膜、环绕肺中细支气管的周围部分以及像胃、肠、膀胱、子宫这一类空腔脏器的壁层。腺体包括唾液腺、胃腺、胰腺和肝这样一类腺体。

自主神经系统的神经纤维大部分是输出的，它们从中枢神经系统的三个区段向外伸出：一是从脑部这个区段向外伸出；再是从脊髓向上、下肢发出神经的那个区段向外伸出；三是从脊髓下段发出支配下肢神经的脊髓段向外伸出。自主神经系统的这三个区段分别称为脑段，胸-腰(或交感)段，和骶段(见图 35)。

在脑和脊髓发出的神经纤维与它们所支配的内脏之间，恒有一种位于其间的周围神经细胞(神经元)，这些细胞及其纤维是直接作用于内脏的装置。这些神经细胞体通常集合成小的结节称为神经节(ganglion)。因此把近端神经纤维称为“节前纤维”，而其远心段则称为“节后纤维”(见图35)。

内脏的平滑肌和腺体所具有的特点是:支配它们的神经纤维有两个来源,一方面来自头端或尾端的一段(即脑段或骶段),另一方面来自中间段(交感神经)。正如我们所知道的,心脏既由属于脑段的迷走神经支配,同时也由来自交感部分(即胸腰段)的加速纤维支配。

支配任何一个内脏的来自两个节段的神经纤维,其所产生的效应照例是互相拮抗的。迷走神经作用是抑制心率,交感神经则使它加快;迷走神经增加胃部肌肉中等程度的收缩也就是增加其张力,交感神经则使之减少。还可举出许多其他例证。

脑段和骶段的特点是,它们的节前纤维在得到周围神经元的接替之前就进入或接近所支配的内脏。换言之,这些周围神经元的神经节和节后纤维位于或接近其效应器官(见图35)。这和交感神经中的情况完全不同。

VI

除了腹主动脉的一些大的分支附近有支配腹腔内脏的专有的神经节外,交感神经系统周围的神经细胞所组成的神经节分别位于脊柱两旁的两条神经链上,上自位于颈部的颈上神经节,下到骨盆中的合体(coalesced)神经节。在胸、腹腔内这些神经节位于胸、腹腔的后方,紧靠椎体。它们由来自脊髓的、依次在各脊椎间发出的节前纤维连结在一起,纤维进入最近的神经节,与其中的周围神经元相连结,然后分别向下或向上到达神经链上的其他神经节,与其中各自的神经元连结起来。这种安排提供了一个具有广泛接触的高效能的装置，从而增加了神经分布的通路。兰生（Ranson）和毕林斯利（Billingsley）曾在猫身上计算了一个颈交感神经干（由节前纤维组成）中节前纤维的数目及其颈上神经节中细胞体的数目，他们报告这二者之比为 1∶32。显然，如果普遍存在着类似的关系，那么由于任何单独的节前纤维与较多的终末神经元相连结，因而它能传递具有广泛效应的神经冲动。而在胸、腹部，几个神经节之间由节前纤维搭桥形成的连结，将使这些搭桥纤维能支配所有这些神经节所支配的区域。

刚才提到的搭桥纤维也就是连结纤维，能在上下一定距离内伸到脊髓每一侧的神经节链上，因而彼此重叠。其结果就是通过交感神经通路释放出一个广泛扩散的神经冲动，与脑段与骶段机能相对比，可以看出后者对一些特定器官所发出的冲动有明确针对性和局限性。

交感神经的结构具有扩散性效应这种看法得到一般观察的支持。例如当一只猫接受兴奋或寒冷的刺激——即引起交感神经兴奋状态时，从头部到尾巴都发生了竖毛现象。更深入的观察发现，这种全身竖毛的现象标志着种种大的系统有其他的一般效应，例如，整个消化道活动的抑制以及全身各部分血管的收缩。另一方面，脑段（副交感中枢）并非必然地同时去执行一些不同的职能，而是可以分别地来完成的。因此，当眼睛接受十分强烈的光刺激时所产生的冲动是沿脑神经的植物神经的通路传递的并引起了虹膜的收缩，这个冲动并不必然地伴随另外一些会引起唾液分泌增加或心率减慢或使胃肠道张力增加的神经冲动。脑段的这些效应，正如分布在一些器官的节前纤维的效应一样是各自不同的。

交感神经冲动能引起肾上腺髓质分泌出肾上腺素这一事实，同样肯定了交感神经的结构是供神经冲动作扩散性释放这样一种观点的。这种物质(肾上腺素)如果注射到血流中,它照例会在交感神经所支配的器官中产生出等同于神经冲动所引起的效应。由于分泌出来的肾上腺素在血流中的广泛分布,交感神经系统即使没有本身神经纤维的组成方式所带来的扩散性效应,也能由于肾上腺素的作用而具有这样的效应。但是这两个因素——神经冲动和血循环中模拟神经效应的化学物质,一般作为交感-肾上腺系统而共同起作用,从而在整个机体的平滑肌和腺体中产生广泛的变化。

这里产生了这样的问题:在特殊情况下,过多的肾上腺素分泌到血循环中,是否该血中含量足以在事实上影响到内脏呢？有许多观察能对这个问题给出肯定的答复。在前面的讨论中,我们曾经指出了在低血糖及寒冷刺激下,肾上腺以自然方式分泌的肾上腺素对去神经心脏的效应(见图 18 和 28)。类似的证明曾见于去神经的唾液腺、虹膜和肾脏,也见于通过交叉循环——即将一个动物的肾上腺静脉连接到另一个动物的大循环上——所得到的结果。通过所有这些实验方法得以证明,分泌到血液中的肾上腺素浓度对用于试验目的的远隔器官足以产生有效的作用。

虽然说肾上腺素通过血液传送而能与交感神经冲动协同产生与交感神经冲动所引起的同样的效应,但又如何证明肾上腺素的协同作用的有效性呢？首先,有若干指征说明血循环中肾上腺素能够延长交感神经作用的效应。布利顿和我曾报告过去神经心脏心率的持续加速现象,即在一分钟的兴奋后加速现象持续了近半

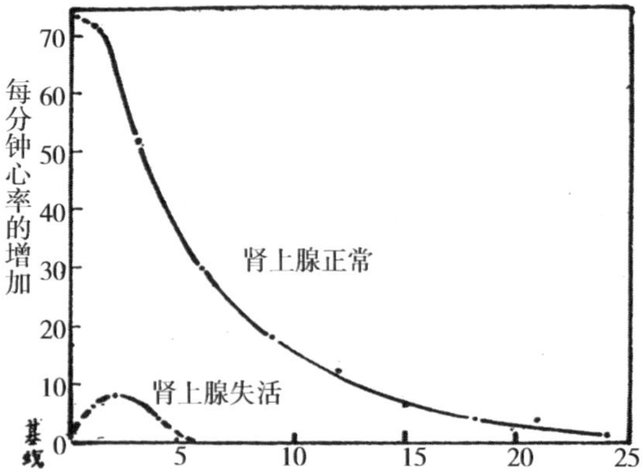

图 36:在肾上腺正常的情况下,动物(猫)用狗吠刺激 1 分钟使之兴奋后心率长时间增加的持续现象。在肾上腺失活后,虽然对猫的刺激加倍,心率只有轻度增加并较快复原。在两种情况下,猫经刺激后都迅速从笼中移出,恢复期间一直安静地卧在软垫上。

小时,虽然该动物在短暂的不安后仍然安静地卧在软垫上(见图 36)。可见,当情况需要作用延长时,分泌的肾上腺素就可以起作用。其次,一些观察结果表明,分泌的肾上腺素所产生的效应在某些方面还远超过交感神经冲动单独所能引起的作用。例如窒息、反射刺激、正常的情绪兴奋以及切除大脑半球皮质后所出现的假怒现象,都伴有高血糖现象。这种变化在切断肝脏神经而保留了肾上腺的动物中与正常动物所出现的程度完全一致。相反,如果肾上腺被切除或失去活性而保留了肝神经,则在同样实验条件下,可看到高血糖现象减少或完全不发生。十分可能的是,肾上腺素加快血凝过程和代谢速度的作用,与其消除肌肉疲劳后果的独特作用相同,不依靠交感神经冲动的任何协同作用。

VII

调节活动能否实现,是与内脏的双重神经支配以及与任何脏器中这两种神经在作用上照例是相互拮抗的这种重要事实密切相关。通过交感部分的广泛扩散效应和脑-骶部分一些神经特有的拮抗效应保证了局部的和暂时的变化的多样性。通过交感神经的适度的或强度的(增加或降低)改变,可以使所有内脏向一方或另一方同时受到影响。而通过直接到达某内脏的与交感部分相对立的脑段或骶段特定神经强度的增减,可使特定的内脏向着一个方向或另一方向有所不同地受到影响。举例说,在情绪激动时,由于交感神经所产生的对内脏的复合效应之中的部分效应,心率可以加快,但是,心率加快也可由于对迷走神经抑制的减弱而不是广泛地涉及其他内脏,如同在肌肉运动开始阶段中所见到的那样。交感神经犹如高音或低音踏板,普遍调节所有的音符;而脑部和骶部的神经支配就像各个琴键。如果我们考虑到紧急情况下交感系统机能以多种多样的方式从整体上来保护机体的整体,交感神经具有同时作用和统一作用这种结构安排的重要性就更加明显了。

VIII

用“不随意”和“自主”这样的名词来表现神经系统的内效应部分的特点,其含意是将它与操纵骨骼肌的系统区分开来。我们不能靠意志的作用来抑制胃肠运动、减慢心脏搏动或从肝内释放糖。但是,所有这些以及更多的变化都会在适当的时机通过自主神经冲动的作用来完成。自主神经系统中的反应明显地与简单反射有着密切关联,这些简单反射是迅速的、先天的、不随意的和具有目的性的。因此,通过考察自主神经系统每一个机能发生作用的特定环境,以及每一个机能所产生的特定效应,我们可能对自主神经系统的机能得到深入的了解。下面的提要和我在1914年所提出的设想是一致的。

骶段的机能主要是对那些周期性充盈的空腔器官加以排空，因而骶部自主神经冲动引起直肠和远段结肠的收缩，并引起膀胱、可能还有其他容纳器官的收缩。最为人们所熟知的例子是，具有张力收缩的内脏，由于其中积存的内容物而发生扩张，从而反射性地引起了收缩效应。虽然这种对膨胀引起反应的反射可能是骶段作用的最常见的方式，但能引起反射的还有其他方式的刺激。例如巨大的情绪冲动——恐惧，它所引起的神经冲动可通过交感部分释放，也可能通过骶神经通路释放。膀胱和低位大肠在强烈兴奋中发生不自主的排泄，这在人和其他动物中是常见的现象。而特殊的动感情状态则能显著影响生殖器官的机能。由于在某些情况下骨盆区的空腔器官必须通过横纹肌构成的括约肌来向外排放，这些器官的排空在某种程度上有大脑皮质的即随意的控制。通过腹肌的随意收缩也能促进排空过程，但从其本质特征来说，骶段机能仍是自主的。事实上，如在世界大战中伤员身上所看到的，这些机能中枢所在的脊髓段与脑部间的联系完全被切断之后，仍然能够执行其机能。

脑段的机能，和骶段一样，概括起来可以这样说：它们主要是一组反射，具有防护、保存和加强的作用。脑段通过缩小瞳孔来保护视网膜以防过强的光线。它通过唾液和胃液的分泌并通过给消化管壁肌肉带来周期性收缩所需的张力为全身活动所需的能源物质的特定消化与吸收提供了根本依据。它通过迷走神经对胰岛素分泌的控制，可以对肝糖原的储存发生作用。通过迷走神经的紧张使心率减慢来保证心肌的休息及其恢复的时间，从这里又找到了脑自主神经作用保护性意义的进一步证明。

脑段同骶段一样，不仅有缩小瞳孔这一类非复杂反射，而且还有联系到情感状态的活动。食物的美味和香味引起所谓消化液的“精神性”分泌，还引起胃肠的张力性收缩。此外，这两个部分——骶段与脑段——的相似点是：它们都在很大程度上受横纹肌运动的影响。正如膀胱和直肠的收缩能受大脑皮质神经冲动的加强或抑制一样，瞳孔的对光或对距离的反应也能被随意动作而引起改变。实际上，作为一般规律，骶段和脑段的活动比起交感神经来更多地包括了大脑-脊髓神经系统的协同作用，因为它们与横纹肌所围绕的外部管道口有更多的关系。

IX

作为对内脏活动起到影响的内效应系统，自主神经必然要密切地涉及保持机体内部系统的稳定性与恒定性，我们把机体内部这种稳定状态称之为稳态。事实上，自主神经系统的三个部分的许多机能可以合理地被看成就是为了维持机体的稳态。骶段主掌周期性充盈的空腔器官的一组排空反射，并通过排除废物和排泄那些妨碍或限制个体行动自由的蓄积物来保持恒定性。另外也参与保证了种族的延续。脑段则执行一组具有防卫和保护作用的反射，更明显地涉及机体整体性的保持。就其主要作用范围——调节食物的消化与吸收——而言，对维持稳定状态有着根本的重要性。

然而，内效应系统的脑段和骶段只是以间接的和多少有点远隔的方式来确保恒定状态。能迅速和直接地防止内环境剧烈变化的还是中段即自主神经系的胸-腰段。胸-腰段的作用对稳态是如此重要，值得进行专门的、详尽的考察。

参 考 文 献

Bard. *Am. Journ, Physiol.*, 1928, lxxxiv, 490.

Cannon. *Am. Journ. Psychol.*, 1914, xxv, 256.

Cannon. The Autonomic Nervous System, an Interpretation, *The Lancet*, 1930, i, 1109.

Cannon and Britton. *Am. Journ. Physiol.*, 1927, lxxix, 433.

Ranson and Billingsley. *Journ. Comp. Neurol.*, 1918, xxix, 305.

第十六章　交感-肾上腺系统在稳态中的作用

I

在前面的章节里我按照C.贝纳德(Claude Bernard)的见解强调了一个事实:我们并不是生活在环绕我们的大气之中。我们和大气之间还隔着一层死的细胞,或是隔着一层黏液或盐溶液的膜。在这些无生命表层之下生活着的一切活体都浸浴在体液——血液和淋巴液之中,后者组成一个内环境。当内环境即液床急剧变化而发生明显的危险时,我们能够清楚地看到最大限度地保持恒定所具有的首要意义。C.伯尔纳以深刻的洞察力看出恒定性的保持是自由而独立的生命的条件。当我们外出周游时我们随身携带着自己的内部气候,因而周围环境的变化,比如说温度、湿度或氧含量等,除非在极端的情况下,对我们赖以生活的内环境的影响是很小的。但如果没有那些在正常情况下时刻准备好的防止灾害的精确装置的作用,这种安稳的恒定性,即稳态,是得不到保证的。在机体内外两方面都可以出现能很快引起严重紊乱的条件,如果这些条件占了优势的话。

例如,外伤可以破坏血管并使体液丢失,但是血液凝固的出现就是一种保护作用。并由于交感-肾上腺系统的作用使凝块形成

加速，从而提高了血液凝固作用的止血效能。如果发生意外的出血而造成大量失血时，交感-肾上腺系统就会再度活跃而收缩外周血管，这样即可减少有明显出血趋势部分的血液流动，从而继续保证重要的和保持恒定活动的器官即心脏和脑的血液供应。

此外，外界的寒冷可能夺走机体的热量从而给内环境造成温度下降的威胁。交感-肾上腺系统会迅速行动起来以避免这种危险。它收缩外周血管来减少温热血液在表层的暴露。在一些动物中它引起毛发和羽毛的竖立，这些动物用这类方法来保护自己，以便在身体周围形成一个导热不良的空气层。一旦机体需要额外的热来保持体温不致下降时，交感-肾上腺系统就向血循环中分泌肾上腺素以增加机体氧化过程的速度。

由于停留在高海拔地带，或由于毒素——像一氧化碳——的作用，可能发生对机体供氧的减少。这时交感-肾上腺系统再次出来维持稳态。它使心脏泵血作用加快，内脏区域血管网收缩，其结果是重要器官的血流加速。再进一步就是脾脏发生收缩，释放出无数额外的红细胞以供机体利用。通过交感-肾上腺系统的这些作用大大减少了可能产生的严重障碍。

然而外部条件并不是影响内环境的唯一因素。机体本身的活动也能打乱稳态；而且，如果不加以防止，就可导致严重的紊乱。我们已经知道，在内部的干扰条件当中，剧烈的肌肉活动占据突出的地位。我们现在来评述一下极度的体力活动所带来的变化以及它是如何通过机体液床的调整来防止内环境的改变的。

II

肌肉活动伴随有糖的消耗。前面已提到长时间的跑步能显著地减少血糖，还可以减少肝内糖元的储存。我们也提到了，通过肝切除或用胰岛素使血糖下降到45毫克%左右时，会引起惊厥；如使它继续下降，则引起昏迷和死亡。但是在正常情况下，在发生惊厥之前，交感-肾上腺系统就发生作用而使糖从肝脏释放出来，只要引起低血糖的因素不是严重到无法克服的地步，所放出的糖足以转危为安，而交感-肾上腺系统也就回到停止活动的状态。所以，尽管运动着的肌肉对糖的需要量很大，而血糖水平仍能维持在发生严重危险的限度以上。

此外，剧烈的肌肉活动伴有热的产生。如前所述，当躯体的大量肌肉群从事长时间的和最激烈的活动时，所产生的热量可以大到几乎难以相信的地步。除非这些多余的热得到散发，内环境的温度可以升高到危险的程度。曾有报告说人的体温可因用力活动而升高到40.5℃（104.9℉）。如果活动时间再延长下去，只要体温再升高两度，就可以因脑部敏感的神经细胞所产生的种种结果而导致不幸。为了对抗这种危险，交感神经系统就来执行保护的职责，外周血管舒张，开始大量排汗，散热过程就大大加快，于是体温的升高很快地得到遏止和抵消，而高温的有害后果也得以避免。

再进一步来看，当一个人从事激烈的肌肉活动时，血液的状态会出现一种倾向，使它从近于中性的反应向着酸性方向变化。如我们所已经知道的，这是由于肌肉-神经活动使碳酸和乳酸增加而产生的后果。酸的产生不是没有危险的，如所周知，在病理情况下一种“酸中毒”的状态可以发展到损害神经系统机能的程度，而且如果这种状态得不到纠正，则将继之以昏迷和死亡。远在到达这种状态之前，作为肌肉活动的结果会开始发生校正作用和保护作用，这两种作用会有力地维持下去。这种对策的重要特点是，第一，过剩的酸被吸收到血液的种种缓冲物质中；第二，立即供给额外的氧以便把非挥发性乳酸氧化（用其他方式不易除去），使之成为挥发性碳酸，后者能被迅速排出；第三，加速呼吸，将二氧化碳呼出并把大量的氧吸入肺中。简言之，循环和呼吸机制发挥了最大的作用。交感-肾上腺系统再次介入以免液床陷入严重的紊乱。循环系统的调整——内脏血管的收缩、心跳的加速、脾脏释放额外的血球——这一切都是通过交感-肾上腺系统而实现的。此外，该系统可能还起着一种使呼吸通畅的作用，因为它能迅速有效地扩张细支气管从而减少呼吸空气时的摩擦阻力。通过这些不同的作用，血液中酸碱比例的稳态一旦遭到严重威胁时，交感-肾上腺系统就在保持这种稳态方面担当一个最重要的角色。

前面的讨论表明，外环境状态以及机体本身在外环境中的处境所产生的反应，都和内环境中发生的障碍联系着。只要我们的机体继续保持效能，我们个体内的一般趋势就不会发生重大的变化。所以，对于内环境的恒定性来说，外部世界的每一个变化以及与外界关系中发生的每一个重要的变动，必定在机体内部产生纠正作用。我们在许多例子里已经指出，这种纠正作用的主要装置就是自主神经系统的交感神经部分。

III

上面着重讨论了交感神经，也就是交感-肾上腺机制的巨大重要性，下面我想来叙述动物在切除自主神经系交感部分后的生理状况，该实验是纽顿、摩尔和我进行的。我们已知，真正的交感神经元的特征之一是，其细胞体要位于沿脊柱两侧排列的神经节链上，上自颈部的颈上神经节到位于骨盆的融合神经节（见图35）。神经节是与第一胸节到第二或第三腰节这一段脊髓相连。在神经节链上，外周神经元的营养中心（细胞体）都聚集在一起，特别是在胸，腹部，神经节与脊髓直接相连，这就使人们能够把这一部分神经节完整地摘除掉。如果神经节被摘除了，节后纤维必定发生变性，而且如郎利（Langley）所作的证明，来自中枢神经系的节前纤维，不能和正常情况下受节后纤维支配的器官形成有效的连结。因此，交感神经链的摘除必然导致这些器官永远脱离中枢神经的控制。

我们摘除交感神经链的方法有两种。第一，我们分别取出颈、胸、腹各部分的交感神经链。图39就是在这种手术后健康生存的许多动物中的一例。这是一只经过切除半月神经节及交感神经链各个部分的猫的照片。所摘出的各个部分贴在一张卡片上，猫和它自己原有的卡片同时拍入照片中。每部分标本下面标明摘出日期。这种手术方法的缺点是，有时不能切下在胸腔下部靠近横膈的一两个神经节。为了避免出现这种可能性，我们把从星状神经节到骨盆中神经节的胸、腹部神经链连续不断地成串摘除。图37就是这种完整摘除的实例。从行使机能这个意义上来说，用这种

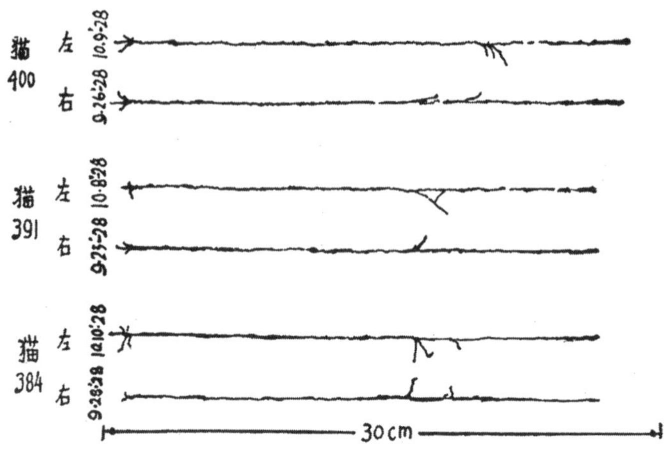

图 37：完整摘出的胸腹交感神经链标本的一部分。经干燥后用火棉胶固定于卡片上，摄成照片。

方法摘除的是整个交感神经系，这一点是没有疑问的。我所以说“从行使机能这个意义”，是因为颈部交感神经并未切除，但是颈部交感神经节的节前纤维穿过两侧的星状神经节，因此摘除星状神经节必然会切断颈部神经节与中枢神经系的联系。颈神经节在这样的状态下不再发生作用，为了弄明白这一点可注意图38所表示的情况。右侧

图 38：图示摘除了右侧胸-腹交感神经链的猫，遇冷后有神经支配的部分可看到竖毛现象。右颈神经节与中枢神经系统失去联系，但仍保持与右半侧头部立毛肌的联系。注意该部分无竖毛现象。

胸、腹部交感神经链已全部被摘除。当该动物遭受寒冷时，其左侧受神经支配的毛就竖立起来。注意一下右侧头部的毛，虽然它仍受被隔离的颈神经节的支配，但并不参与对寒冷的反应。所以，很清楚，胸、腹部分神经链的摘除完全取消了交感神经对内脏的控制。

图 39：照片中的猫为 106 号，在全部切除交感神经后此猫仍能生下小猫，一只小猫正在哺乳，另一只在母猫背上嬉戏。

IV

首先引人注目的事实是切除交感神经的动物能继续生活而无显著的困难。我们曾在自己的研究所养了一只猫（编号 107），它从 1927 年 10 月 10 日起在完全脱离交感神经系统的状态下健康地生活了大约三年半，1931 年 4 月，进行解剖以研究其体内组织。上述事实与以往的作者所发表的某些观点肯定不相符合。例如麦尔策曾摘除兔和猫的颈上神经节，由于死亡率很高，他断定这些神经节是维持生命不可缺少的因素。后来斯帕多利尼（Spadolini）声称，完全、广泛地摘除猫的肠系膜神经就使它不能继续生存。他发现有普遍的机能衰退，重度消瘦，体温下降和胃肠道的严重损害。虽然我们在大批猫的身上摘除了包括内脏神经的腹部交感神经链，其中有一些还取走半月神经节，甚至从腹主动脉粗大分支上把神经纤维剥离下来，但我们从未看到引起任何严重症状。这些观察使我们得出这样的结论：颈上神经节和分布在胃肠部分的交感神经对生命并不是必需的。

也许有人推测“植物”神经系统——也包括交感神经部分——可能对生长有重要意义。但我们曾在幼猫身上作了一侧交感神经切除并让它们成长到大猫那样大，然后我们用乙醚麻醉致死并比较各个两侧对称器官和其他部分，包括骨骼的重量。我们发现两侧并无明显的差异。因此，看起来，交感系统同骨骼及内部器官的成长并无关系。

我们曾仔细观察了手术前以及切除交感神经链的颈、胸、腹部分三者之一后的基础代谢的变化。通常，在切除交感神经后，其代谢率有轻度的下降。根据我们的经验，这种现象在切除颈部的交感神经链后最为明显，但手术造成的基础代谢率的下降一般不超过 10%，这种程度的下降究竟有多大意义是值得怀疑的。

交感神经的切除，在其对肌肉机能和运动的影响这个问题上有人猜想，交感神经可能具有控制骨骼肌张力和对抗疲劳的作用。我们的观察是：在单侧交感神经切除后，躯体两侧的膝反射并无明显差异。我们也曾观察到一只经过脚踏轮训练的狗在下腹部单侧切除交感神经后，既未见该动物整体运动的减退，也未见两个后肢动作有任何明显的不同。

在临床文献中有许多关于假设的“迷走神经紧张”和“交感神

经紧张”状态以及关于“自主神经失调”的论文资料。使用这一类名词是基于这样的概念：在正常状态下，自主神经系的交感神经部分与脑段的作用常常是互相对立的，而这种对立作用的结果，是取得二者之间的平衡。我们可以从某些器官看到这种对立的证据，但它不是普遍存在的，在没有这种对立状态的地方也谈不上出现“自主神经失调”的情况。但即使在可能有互相拮抗的地方，切除交感神经节后所出现的变化也不一定表现出拮抗系统中有某一方占据绝对优势，一开始瞳孔收缩了，但以后收缩又减弱；一开始去神经的血管扩张了，但不久有迹象表明血管又重新回到某种程度的局部紧张状态。简单说来，值得注意的是并不存在永久的异常状态。

关于交感神经切除不引起躯体中显著改变的问题就谈到这里。现在让我们看一看一些自主神经系统出现缺陷的问题。

V

在我们第一次发表的报告中，我们说过，交感神经的切除不能制止雌性的生殖和泌乳的机能。这个报告所根据的观察，是在刚要分娩之前不久接受了交感神经切除的一个动物身上进行的。图39就是这个动物和它的两个仔猫的照片，在动物上方展示着它的两条交感神经链。这个动物果真哺育其中一个小猫，直到它能自行觅食。但是以后另一个已切除交感神经达数月之久的雌猫又生下三个仔猫。这时所看到的意外事实是，乳房不能分泌乳汁；但更意外的是母猫全然缺乏母性的关心，母猫不去照料小猫。当使它卧下并把小猫带到它身旁让它喂奶时，它马上站起来走开，毫无关心它们温饱之意。但进一步的证据表明，这种行为并非总是动物全然失去哺育后代能力的特征。

在切除动物的全部交感神经之后，它们的工作能力就大大降低。我们对一只狗作了交感神经全部切除，这只狗事前已被训练蹬脚踏轮直到完全疲乏为止。在脚踏轮运动标准速度下它能坚持约两小时，只在运动将近结束时中断一下给狗以短时间的休息。经切除交感神经后，动物工作的能力下降了大约 35%。当然，迷走神经仍然是完整的，通过迷走神经的紧张性的降低，心跳可以加速些。然而，体内血液的再分配和血压的升高、细支气管的扩张以及肾上腺素的分泌——正如我们所知道的，这些都是有利于延长肌肉的活动的——都不再发生。在这种状态下，动物不能像手术前那样有效能地完成任务，这是完全可以理解的。

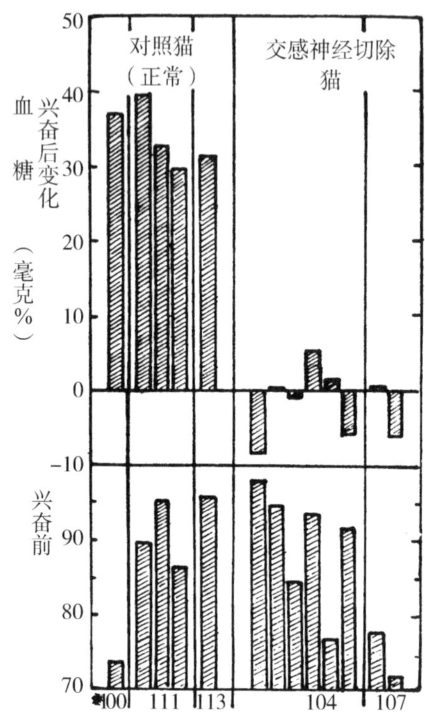

图 40：正常猫在情绪兴奋后血糖有增加，而去交感神经的猫，其血糖在同样刺激下没有任何相应的增加效应。图下方标示的数字是试验动物的编号。

除了循环器官缺乏适应性的变化外，还存在着肝脏释放糖的障碍。通过情绪兴奋在交感神经切除前后对血糖效应的测定，可

以看出这个事实。如图 40 所示，3—10 分钟的兴奋在正常动物所引起的血糖增高平均达到 34%。反之，在切除交感神经的动物中，给予类似长短的兴奋并不引起血糖水平相应的增高。

另外，切除交感神经的动物接受兴奋刺激时不发生竖毛。和这种交感神经系统作用消失的迹象并存的是，不发生正常情况下兴奋所能引起的红细胞增多。这种障碍是由于脾失去协同作用，因为，如伊兹奎多(Izquierdo)和我以及曼金(Menkin)所证实，切断通向脾脏的神经会使得这个必要时能释放额外血细胞的重要器官失去作用。所有这些特征——循环机能不全，释放糖和释放额外血细胞的机制紊乱——对导致动物肌肉活动效能的减低无疑会发生作用。必须承认，关于这幅景象的许多细节还有待于更进一步的工作才能从量的方面作出明确说明，但是我相信，其中主要特征仍是如我所陈述的。

VI

去交感神经的动物不仅肌肉的活动能力不足；而在寒冷刺激下它的机能也是不完全的。图 38 证明，在切除交感神经后寒冷刺激并不引起竖毛，这就是说，寒冷对立毛肌不产生局部收缩效应。血管平滑肌也同样失去神经支配；因而寒冷对血管也没有局部收缩效应。由于这两个原因，散热不再受到控制。加上机体失去了增加肾上腺素分泌的作用，而肾上腺素在体温趋于下降时是能促进产热的。由于这种种原因，去交感神经动物当它面临维持正常体温的问题时就暴露出生理上的缺陷。这类动物在寒冷气候下的行为表现与这种缺陷状态是相符合的。它对冷空气和寒风表现出明显的厌恶，在冬季的寒冷天气，它蜷伏在热源近旁，只有在喂食的时间才离开那里。

为了试验去交感神经动物对寒冷的反应，我们把动物放在温度范围在 0.8°至 6.0℃(33.2°至 42.3℉)的冷藏室内，观察了它们的体温和寒战情况。典型结果示于图 41，实线描出正常动物在冷

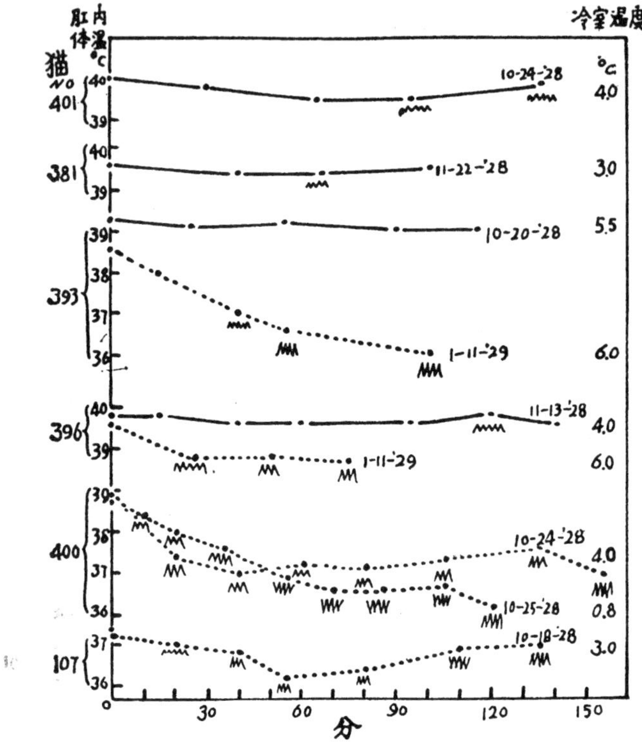

图 41：放在冷室中的猫体温记录。实线代表正常猫出现的效应；虚线代表去交感神经后的效应。发生的寒战用锯齿形符号标记在曲线下方；锯齿形的大小约略代表寒战反应的强度。

环境中停留约两个小时后的体温变化，虚线代表去交感神经动物在同样条件下的变化。注意看一下在 393 号和 396 号猫交感神经

切除前及切除后所做的观察。如 393 号的记录清楚地证明，在两种条件下动物的反应存在着引人注目的差异。在去交感神经后体温出现了更低的下降——体温果真很快下降到一个它尚能维持的低点，寒战出现的次数更多，也更显著。这种以锯齿形线条表示的反应在 393 号猫切除交感神经之前完全看不到，但在这种手术后却十分明显。在其他去掉交感神经的动物中，这种现象也是很显著的。除运动外，寒战是留给动物抵御温度剧降的仅有手段，因此例如在 400 号猫所看到的，它能维持的实际的低温状态可能反映了寒冷环境中散热与通过寒战作用产热之间的一个平衡状态。尤其要注意看一下 107 号猫的记录。它就是我前面提到过的 1927 年 10 月 10 日以后失去了交感系统的那只猫。从那时以后所经过的岁月中，这只动物看来已习惯于靠寒战作为抵御温度下降的主要保护手段。被放到冷室后它很快就开始剧烈发抖，并靠这种做法防止体温的明显下降，也果然做到了维持其正常的温度水平。

失去交感神经后存在的困难不仅在于制止体温下降的倾向。我们得到的证据说明在制止体温上升倾向上同样存在着困难。我们曾想知道一个直立动物是否能在交感神经切除后保持正常行动，因此在一个猴子身上摘除了交感神经链。为了使所有的猴子能享受日光和新鲜空气，在 7 月的一个热天把它们放在实验室附近的庭院中。正常动物全然不受热的不利影响。但是没有交感系统的那个动物则短时间内就出现了很高的体温；真的，它中暑倒下了。

VII

刚才我所报告的结果可能由于下述原因而给人以较深刻的印

象，即摘除交感系统所造成的后果比起真正的缺损现象要轻些。但必须承认，这种轻度后果可能给人们造成错误的印象，动物固然能继续生存，但它们是生活在实验室的保护性环境里，在这里，一年四季没有明显的温度变化，也没有为食物而斗争的需求，不存在着逃避敌人的需要，不存在着出血的危险。这是一个非常特殊的、局限的生活方式。根据这样的观察结果来作判断，我们很容易得出这样的推论：交感神经系统对躯体的固有机能来说是次要的。这样的推论是错误的。如果这些动物被放在外面世界而不得不面对着为了食物与安全而斗争的需要时，则它在需糖时没有血糖升高，没有红细胞的增加，没有内脏血管收缩来升高血压并加快血流，没有显著的心跳加速，没有循环的再分配以利于正在收缩的肌肉，也没有肾上腺分泌来促进血凝和支持疲乏的肌肉。去交感神经动物的缺陷会在遭受寒冷或暑热时明显地表现出来。当紧急事态来临时，它就不能保持自身内环境的稳定。

参考文献

Cannon and Bright. *Am. Journ. Physiol.*, 1931, xcvii, 319.

Cannon, Newton, Bright, Menkin and Moore. *Am. Journ. Physiol.*, 1929, lxxxix, 84.

Izquierdo and Cannon, *Ibid.*, 1928, lxxxiv, 545.

Menkin. *Ibid.*, 1928, lxxxv, 489.

Meltzer. *Proc. Nat'l Acad. Sci.* 1920, vi, 532.,

Spadolini. *Arch. Ital. de Biol.*, 1926, lxxvii, 17.

第十七章　机体稳定作用的一般特征

I

在前面的章节里，我们看到了关于保持稳态条件的方法的归纳性说明，而且我们考察了这些条件受到内效应自主神经系统支配的证据。我们对一些事实进行探讨，以求从中得出它们所能说明的一般原理，这将帮助我们能够从新的观点来考察这些事实，同时也有助于着手调查其他类型的有机体为了保持稳定而可能是必要的先决条件。

不难想起，在我们躯体结构和化学成分中值得强调的最显著特征之一就是极其自然的不稳定性。只要循环器官协同作用发生短暂的小毛病，部分机体结构就可以完全崩溃，以至于达到危及整个机体生存的地步。我们曾在许多例子中指出这类不测事故的屡发的可能性，而且我们也指出过，在少有的情况下，这些事故怎样招致可能发生的可怕后果。无论何时，只要发生了有害于机体的情况，照例是机体自己内部就会出现一些因素来保护它或恢复其被打乱的平衡。我们现在所关心的就是完成这种稳态的装置的类型。

虽然某些器官处于避免本身动作过快或过慢的这样一类的控

制之下——心脏及其抑制神经和加速神经就是一个例子——但这些情况可以看做是自动调节作用的次要和辅助的形式。总的说来，机体一切部分的稳定状态靠保持这些部分的自然环境、即它们的内环境或液床的恒定来实现。这个共同的中间媒介（intermedium），作为物质交换的场所，养料和废物的随时搬运者，以及温度的平衡器，为在身体各部分易于保持稳定提供了基本的条件。如C.贝尔德所指出，这种“内环境”是机体本身的产物，只要它保持均衡，机体各器官在活动时为了维持恒定的大批特殊装置就无需动用。因此保持内环境安定可以看做是具有节约意义的措施。高等生物的进化过程所表现的特点就是逐步加强对“环境”（milieu）之作为外在的和起制约作用的因素进行机能的控制。只要这种控制能力得到完善，对行动自由的内外两方面的限制就得以解除，而且也减少了遭受严重损害或死亡的风险。所以，要理解我们机体所具有的显著稳定性，中心问题在于了解液床的恒定性是怎样得到维护的。

II

敏感的自动指示器或监视装置，是制止液床状态发生过大变动的一个引人注意的重要保证，这些装置的职能就是一当内干扰开始，立即产生校正作用。如果需要水，口渴的机制就会在血液发生任何变化之前发出警报，我们就会作出喝水的反应。如果血压下降而危及必需的供氧时，颈动脉窦上敏感的神经末梢就向血管运动中枢传送信息而使血压回升。如果剧烈的肌肉运动使大量血液返回心脏，以致给心脏动作造成困难从而使循环受到阻碍时，敏感的神经末梢就会再次受到影响而从右心房发出信号来加速心率，从而促进了血液的流动。如果血中氢离子浓度向酸性方向发生哪怕是很轻微的变动，支配呼吸的神经系统中特别敏感的部分就立即发生作用，通过增加肺的换气来排出碳酸，直到恢复正常状态。

我们在前面的一些其他例证中看到，当发生紊乱的最初迹象刚露头，就会发生迅速而有效的校正措施，不过我们对这个指示器究竟是什么及其如何工作这一点尚无明确的了解。一个恰当的例子，就是血糖浓度开始下降到临界水平以下时，交感-肾上腺机制就增高血糖的作用。到底什么因素使它这样做，我们还不知道。而体温的调节很可能也属于这一类反应。虽然似乎在间脑内含有恒温装置，那里可能存在着调节中枢并可能受外界动因的支配，但生理学上最近的一些发现排除了脑的直接作用，并证实其真正的作用方式（modus operandi）[①]乃是一种反射。在这方面我们还需要更多的资料才能确定担当防卫作用的装置所在的位置。

液床还有更多的其他状态保持着明显的稳定性，如果发生变动，立即就得到恢复，遗憾的是，关于这些状态变化的指示器我们还不知道。血液蛋白（正常血容量恰恰就是依靠它来保持的），血钙（对神经肌肉系统的固有机能占有首要地位），以及血液中的红细胞（对组织供氧是必不可缺的），这些是液床中所存在的因素的例子，所有这些所显示出来的稳态达到惊人的程度。它们在浓度上的明显变化会在机体内造成严重的紊乱。就像我们上面已经提

① modus operandi，拉丁文，意为“作用方式”。——译者

到的其他例子中所看到的一样，向异常倾向发生一个微小变动几乎都要引起信号，随后这个倾向立即得到校正。但是谁发出这个信号，以及这个信号如何能够传达到这些器官上并由它们来进行校正，直到进一步的生理学研究能够阐明这些事实之前，这只能是一个秘密。

III

稳态调节可依该状态是涉及物质还是涉及作用过程而分为两个类型。我们首先来考察物质的调节。

关于物质的稳态，如同我们在许多例子里所看到的一样，是靠贮存来实现的，机体通过贮存来调节临时的、不稳定的供应与恒定的、有时是提高了的需求之间的矛盾。我们知道，贮存有两种——用于暂时的，为了即刻的调节和利用，以及用于储备的，为以后和长久之需。

暂时性贮存显然是组织间隙单纯充溢的结果。当有大量物质供应时，这些物质就会散布到细小的网状结构，即“细小纤维的海绵状蛛网”结构中去，皮下的以及在肌束周围和中间的结缔组织大部分是由这些纤维组成的。在这个区域里储存着水以及血液中一切能溶于水的成分——尤其是盐和糖，造成这种充溢现象的高含量下降时，这些物质即渗回到流动血液中，由此被送到其他需要的部分。又如，以葡萄糖来说，暂时的贮存又可以变为长久的贮存形式而不立即去动用它。这种把物质存放起来的简单方式，我们称之为充溢式贮存(storage by inundation)。无论在血液或肺泡结缔组织的体液中，除了有关物质的相对浓缩作用外，似乎还没有专门发展形成其他的调控作用。

在多少属于长期性也就是储备性的贮存中，这些物质被分别存放在细胞内部或特殊的场所，这可以叫做隔离式贮存（storage-by segregation）。根据我们对一定情况下这种方式的贮存办法的了解，我们可以断定这种方式在接受神经或神经-体液支配这一点上与充溢式贮存是不相同的。关于这种支配的最明白的例子是血中葡萄糖的调节。我们曾看到这样的证据，当血糖上升明显超过100毫克%这个正常水平时就会刺激迷走-胰岛素机制，胰腺中的胰岛细胞分泌胰岛素进入血流抑制血糖升高以利于糖的利用及其在肝和肌细胞内的贮存。反之，如果血糖百分率过度下降，达到正常水平以下，那就达到了交感-肾上腺机制作用的临界点，于是肝细胞内贮存的糖元就通过这个作用转化为葡萄糖。后者透过细胞膜进入血液循环，因而能避免低血糖倾向及其有害的后果。

必须承认，对有关其他物质的稳态的调节问题，我们的知识大部分还只限于设想的性质。我们知道钙在储存时被存放在长骨的骨板（spicule）和骨小梁之中。当食物富含钙时，钙就以这种形式大量地存在着，而当摄入缺少时就消失，这清楚地证明了钙贮存的事实。另外，我们手头的一些证据说明，甲状旁腺有促进钙贮存的作用而甲状腺则有释放的作用，这一点可能表现了与血糖调节具有十分接近的类似现象。但是，我们迄今对腺体和钙的贮存与释放之间的关系还是不明确的，因而不能作出任何可靠的结论。我们对兴奋或抑制腺体活动的种种因素现在也还是没有弄清楚。

关于其他物质的调节作用也可以引用这类同样性质的属于设想性质的证据。脂肪和蛋白和钙一样，也是以隔离形式贮存起来；

脂肪存于脂肪组织的细胞内，蛋白则据目前的证明是储存在肝细胞中。我们曾提到，有个观察者报告说，如果把肾上腺素注射到血循环中，则肝细胞内的蛋白团块就消失。如果这个报告得到肯定，则对交感-肾上腺作用在血中蛋白含量的影响带来了进一步深入的了解。此外，我们知道当甲状腺机能不足以及当垂体附近的脑底部分受到损伤时，在皮下和躯体其他部分脂肪层就会增厚。我们也知道，甲状腺机能不足所造成的脂肪堆积可以通过口服甲状腺素或其提取物而很快地消除掉。所有这些资料都在供应蛋白和脂肪这两者的调节方面提示了引人兴趣的种种可能性。进一步探讨这些物质在其贮存和随后供机体利用方面所采取的方式，无疑是很重要的。但这方面的知识还有待于临床研究的进展。

要求食物和水的动机，是贮存作用的背景，实际上也可看成是贮存作用的诱因。从本质上说，这些动机就是不舒服的饥饿与口渴的感觉：一种难受的饥饿感，它随进食而消失；还有难受的口内干燥，它靠饮水或饮用水样液体而得到解除。而这些自主的“动力”又时常带来味觉和嗅觉上的快感，这一类感觉随之促使机体去摄取诱发这种感觉的食物和饮料。这就是食欲的作用所占有的地位，它通过诱使机体摄取饮食从而部分地满足了造成饥渴原因的需求。但是如果靠食欲的作用还不能保证对机体的供给，则将发生更为紧迫和强烈的作用以要求贮存得到重新补充。

IV

保证液床恒定性的另一种方法是通过溢出(overflow)作用。这种机制为液床中物质作上升变动时设定了一个限度。在涉及葡萄糖的稳态时，我们已经指出过它利用溢出作用作为阻止血液中该成分过度增高的一种手段。但不仅是过多的糖，还包括过多的水分和某些溶于水的物质——例如钠和氯离子——也通过肾来排出。按照现代的尿液形成的理论，所有这些都算是“阈限物质”；它们只能按照彼此间的定量关系被肾小管重新吸收以保持血液中的正常状态。所有超出这些数量以上的物质都以溢出方式离开躯体。

值得指出的是，这种阈限物质本来是通过充溢即充满的方式进行贮存的，然而当这些补给品得到足够的贮存时，溢出机制保持稳态的能力是惊人的。我以前曾对海登和泼瑞斯特里所做的实验给予注意，在这个实验中，超过估计血量⅓的水在 6 小时内通过肾脏溢出，这种溢出的作用能恰到好处地保证血液在任何时间内都不至于被稀释到使血红蛋白百分率发生明显的下降。这些实验不但生动地显示了肾脏之作为一种“溢洪道”(spillway)的效能，而且还显示了作为一种保持液床恒定状态手段的“溢洪道”原理的实际运用。

肾脏在其机能上作为溢出器官能够保持血液内的酸碱之间的平衡。如果非挥发性酸产生过多，它可通过屏障；如果血中的碱过多，也会通过溢出而离去。

除了肾脏，肺也起着“溢出”的作用。如我们已经知道的，动脉血中非常轻度的碳酸增加立即引起呼吸的加深。由此引起肺的换气增加，迅速、有效地减少肺泡中二氧化碳，其结果是，尽管碳酸大量产生，但肺泡中气体百分比仍保持近乎恒定。过多的二氧化碳经过具有一个固定水平的“屏障”从血液中流出，用这种办法起到防护的作用。结果，血液中氢离子浓度在通常环境下得以保持稳定，避免了向酸性方向作过多偏移的有害后果。

值得注意的是，溢出所起的调节作用，不仅是为了减少废物（二氧化碳）的浓度，也是为了控制有用物质（葡萄糖）的浓度。在这里我们又再次看到了液床作为机体基本条件保持恒定的重要性。

V

稳态调节作用的第二种类型，与前者相比是更多地涉及作用过程的。最说明问题的例子见于热量调节的机制中。我们知道，产热和散热作用是连续不断进行的，在体温开始下降时，产热作用加快而散热作用则减少。如果体温上升，则上述的这些作用产生的效应也就与体温下降时相反。像这样以一种精确适应机体需要的方式来改变连续过程的速度，就使体温保持在一个显著稳定的平衡状态。

在组织供氧和血中酸碱平衡正常状态的保持上也可以见到同样的现象。呼吸和循环系统以中速活动不间断地供给氧，但在特殊情况下这个需要会大大增加。因此呼吸和循环速度也相应地增加，红细胞与氧的结合和解离也加快了，因而尽管需氧器官的需求有大量增加，邻近该器官的液床中氧的张力仍能保持在一个高水平。当引起这些系统额外活动的特殊情况消失并已偿还可能留下的“氧债”后，又恢复原有的中等作用速度。同样的原理和许多同样的现象也被应用在血中酸浓度增高的情况下。如果血液反应向碱性方面变动，则呼吸的连续作用又会减慢或完全停止直到体内不断产生的酸积累到足以恢复正常的酸-碱比例时为止。

在用以保证氧张力恒定性的复杂机制中，可以见到利用贮存和利用改变其作用速度这两种方式的结合。读者会记得，除了血液回心加快，心率加速，和促使加快血流的动脉压升高——即所有这些连续作用的加速外，还会从脾脏释放储备的密集的红细胞。这些血细胞就来参与那些已经加快的作用过程并帮助它们来满足工作着的细胞所面临的迫切需要。

VI

保持内环境稳定的两种作用方式，即贮存与释放，和增减连续作用的速度，一般来说，是不受大脑皮质控制的。我们的确能有意识地加快或减慢呼吸，但通常呼吸速度是自动调节的，其他一切稳态调节也以同样的方式来管理。借助内效应神经系统脑段的固有机能可以自动地把物质储存起来。当出现血糖下降，氧的需要增加，酸性物质累积，或体温开始下降时，又能自动地动用储备和加速作用的过程。自主神经系统的一个特殊部分——交感-肾上腺部分——就是完全独立于意识支配的范围来执行上述机能的；这些作用机制确实只有通过严密的生理学研究才能揭示出来。

不论交感-肾上腺部分的兴奋是由于疼痛或激动，是由于肌肉劳动、窒息、低血压，是由于寒冷、低血糖，它所面临的就是液床恒定性遭受或可能遭受危害的一种状态。在上述不测事件的每种情况下，该系统的作用都是通过保持内环境的稳态来保护机体。在强烈的肌肉运动期间，血流重新分配并加快以保持氧张力的恒定和酸-碱的平衡；散热过多时提高代谢率以产生更多的热；在血糖含量下降或产生特别需要时葡萄糖从肝储备中释放;在失血后作为公共运输工具的血液显得不足时血管系统就调节其容量以适应血量的减少——总而言之,像这些例子所表明的,当机体正常的内部状态遭到或可能遭到干扰时,交感-肾上腺装置就迅速而自动地执行保持正常状态所需要的调节作用。

交感-肾上腺系统所起作用的突出特色是它对上述可能产生的各种障碍具有广泛的适应能力。如前所述,该系统工作起来通常是协调一致的。十分明显,这样的联合动作在诸如低血糖、低血压及低体温等不同的情况下都是有用的。但是如果就各个细节而言,看起来这种效能并不总是完善的,因为有时所产生的效应对机体显然极少甚至没有价值。这种无意义反应的例子可见于低血糖中的出汗和窒息时血糖的升高,如我们所知,这些反应在其他情况下是有用的,例如在剧烈肌肉运动中产热过多时排汗,以及血糖浓度过低时肝脏释放糖。就像我在 1928 年所指出的,交感-肾上腺机能总的综合作用中这种非适应性的表现是有其道理的,只要我们能考虑到,第一,从整体上看,它是一个一元化系统;第二,它能对许多不同器官都产生效应;第三,在各种不同需要条件下有效用最大的各个效应的不同的组合。血管收缩,心率增加,和肾上腺分泌增多,是在低血压状态或需要维持体温时有效的一组交感-肾上腺反应;这组反应对上述两种情况的有效性,并不因其伴有可能没有作用的血糖升高而有任何减少。在任何特定的需要场合,这种无用的效应可看成是与当时用于保证稳态的一组交感-肾上腺作用无关的附带反应。

VII

1926 年,我曾提出关于体内稳定状态以及稳态的保持的一些假设性见解,这和目前关于稳态的一般特征的看法是符合的。我们现在只来看其中四段:

“在一个开放系统中,以我们的躯体为例,它是由不稳定的物质所组成并不断地经受干扰条件的侵袭的,它的恒定性本身就证明了:各种装置正在起作用,或时刻准备着起作用的,以此来维持这种恒定性。”这是根据深入观察某些稳定状态(例如血糖、体温和酸、碱平衡)的调节方式而得出的推论,人们并且确信,其他尚未完全了解的稳定状态同样是受调节的。当我们对血浆中的蛋白、脂肪和钙的恒定有关的因素的控制方法有了更多了解时,我们也许发现,这与人们已经较为了解的那些稳态作用的精确装置所产生的结果相同。

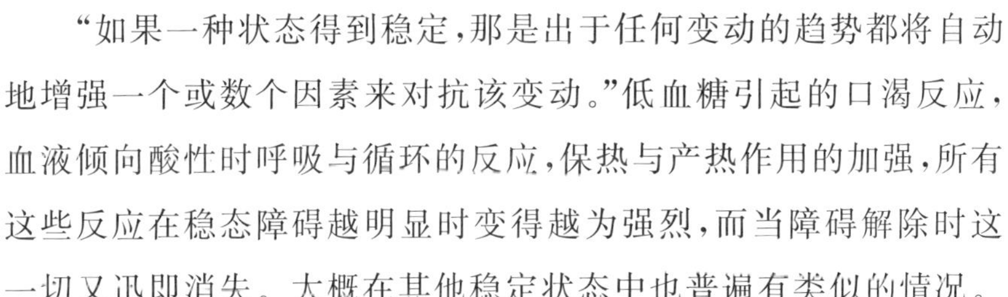

“如果一种状态得到稳定,那是出于任何变动的趋势都将自动地增强一个或数个因素来对抗该变动。”低血糖引起的口渴反应,血液倾向酸性时呼吸与循环的反应,保热与产热作用的加强,所有这些反应在稳态障碍越明显时变得越为强烈,而当障碍解除时这一切又迅即消失。大概在其他稳定状态中也普遍有类似的情况。

“决定一种稳态状况的调节系统可包括若干起协同作用的因子,这些因子能同时或连续地参与作用。”这个论点可用血液本身以及循环、呼吸系统中都见到的,维持血浆酸-碱比例相对恒定性的严密而复杂的反应来很好地说明:这种例证也可见于对抗体温下降的保护机制,它一个接一个地引起一系列防卫作用。

“当已经知道一种因素能使稳态状况向一个方向变动时，就有理由来探明该因素的自动控制作用，或找到一个或数个具有相反效应的因素。”这个假定实际上已包含在上述的假定中，而且可以认为是强调确信这样的见解：稳态并不是偶然的，它只是机体自我控制的一种结局，探讨这种控制动因将会在这方面有所发现。

VIII

不能认为在各类动物中都能看到稳态调节作用的充分发展。在前面章节中我所举出的例证是来自哺乳动物身上的实验和观察。只有鸟类能和哺乳类共同具有保持躯体液床恒定的复杂机制——而有关鸟类的这些机制研究得还很少。爬虫类和两栖类尚不具备能使自己从外部世界的变迁下获得自由的而能加以控制的内环境，从这个意义上讲，它们的进化程度是不高的。如前面一章所指出的，两栖类没有保持自己体内水分的能力，不能使自己的体温独立于外部世界而保持稳定。爬虫类，作为较高一级的种类，不像两栖类那样很快把水分丢失到周围空气中，但和两栖类相同的是，爬虫类也是“冷血”的，因此在寒冷环境下其行动不能不受到限制。

哺乳类所具有的稳态是一个进化过程的产物——只是在脊椎动物的进化中才逐渐获得机体液床的稳定性——这个根据在个体发生中有趣地得到再现。个体发展的历史概括了物种发展的历史；或者说，个体发生学是系统发生学的扼要重复，对支持这种观点的一些事实来说，下述事实确是一种有启示意义的补充：在婴儿出生后的相当一个时期内，稳态的调节作用是欠缺的或不足的，在以后较晚的时期才慢慢地获得控制能力。当然，婴儿在出生前可以受到母体“内环境”(milieu interne)稳定性的保护。出生时,婴儿突然暴露在差异很大和十分多变的环境中,即使形成了自己的“内环境”,仍经受不了可能改变内环境的任何外界压力(stress)。很早以来我们就已知道,新生儿在寒冷环境中的维持恒定体温的能力极差。机体不能迅速作出反应来保持体温不降,而是和冷血动物那样地任其体温下降而不发生一点寒战来抵御。体温稳态的精细复杂的调节作用,作为成人的一种特征,只是逐步发展而来的,这多半是练习和训练的结果。血糖的控制也同样是发展过程的产物。许莱特(Schretter)和奈文尼(Nevinny)最近的观察表明,血中葡萄糖的变动在早期的即幼儿时代要比更晚的年龄阶段大些,其波动幅度也大些。看来很有可能,对其他方面稳态调节作用的研究将证明这些作用在开始阶段也是不稳定的,只有通过生活经历才获得成人所具有的效能。

IX

在前面的章节中我曾多次提醒大家注意如下的事实:只要我们的内环境能够保持恒定,我们就能够摆脱内外环境的有害动因或条件所强加的限制而获得了自由。巴克罗弗特(Barcroft)提出了一个中肯的问题:得到什么自由? 这主要是给高度发展的神经系统的活动及其所支配的肌肉带来了自由。通过大脑皮质我们获得对周围世界的一切知识。通过它的作用,我们得以分析经验,从一处移动到另一处,建造飞机和寺庙,我们绘画、作诗,还进行科学研究和创造发明,我们结识朋友并与之交谈,我们教育后代,表达我们的同情心,诉说我们的爱情——实际上,通过大脑皮质的作用，我们的行为才合乎人类的样子。这种自由的反面就是下述的两种情况：要么是屈服于强加给我们的各种阻力和障碍，包括外界的寒冷、内部的热以及任何其他对液床稳定状态的干扰；要么就是走向另一方面，为了维护恒定性，不得不有意识地去操心物资储备和改变机体作用的速度，以致没有更多时间去从事其他活动。这就好像因有家庭负担而限制了社会活动或是由于内部的麻烦而不能顾及对外联系一样。在那种条件下，生命机体的充分发展和丰富多彩的表现是不可能的。这一切只有通过这样的条件才能实现：能够自动地去调节机体的日常各种需要，以便脑部这个主管智力活动、想象力、观察力和手的技巧的机能处于自由状态，以利于行使这些较为高级的职能。

概括来说，我们由此可以发现，机体由于生活在自动保持恒定状态的液床中，因而能解脱自己去从事更加复杂的、具有更加重要社会意义的职责。如果一些变动造成威胁，指示器立刻发出危险信号，校正装置就迅速制止障碍的发生，或在已经产生时使它恢复到正常状态。这种校正装置主要通过神经系统中具有调节机能的一个特殊部分而发挥作用。它所行使的调节作用是，第一，储存物资，作为供求之间的一种调节手段，以及第二，改变机体内部的连续作用的速度。这些保持机体内部恒定的装置是许多世代生活经验的产物，而且在漫长的年代里，这些装置成功地使组成我们机体的高度不稳定的物质保持了稳定。

参考文献

Cannon. Ergebn. d. *Physiol.*, 1928, xxvii, 380.

Cannon. *Am. Journ. Med. Sci.*, 1926, clxxi, 1.

Barcroft. *Journ. Exper. Biol.*, 1932, ix, 24.

Schretter and Nevinny. *Zeitschr. f. Geburtsh. u. Gynäkol.*, 1931, xcviii, 258.

结束语　生物稳态与社会稳态的种种关系

I

是否存在着稳定作用的普遍原则呢？在动物机体中发展起来的保持稳定状态的装置可否用来说明在其他地方所使用或能够使用的方法呢？关于稳定作用的比较研究有无启发意义呢？把其他的组织形式——工业、家庭或社会——当作躯体的组织形式来考察，有无用处呢？

这是一些使人感兴趣的问题。在哲学和社会学的历史中，类似的问题曾使人们多次去考察生理躯体与政治实体[①]之间的相似之处。生物工作者如同哲学家和社会学家一样，对这种相似现象很感兴趣！他可能缺乏哲学家的广阔眼界和社会学家关于社会体系复杂细节的知识。但作为社会的一员，他对此是关心的，而且他可以从生物学观点来考察这种相似现象。难道我们不能用前述章节中考察过的人体稳定装置方面的新见解，为考察社会结构的缺陷及可能采取的对策提供新的见解吗？对任何一个想为社会状态的研究提供一些建议的人来说，有关躯体稳态的深入了解当然是

① body politic，政治实体，指国家。——译者

有价值的。作为对这类建议的一种推动，我们不妨来考察一下这种明显相似的某些特征。

II

在前文中我曾指出，生活在流水中的单细胞生物直接依赖于其周围环境；它没有控制环境的手段，不得不完全听任环境对它的摆布。只有当细胞发展为细胞群时才具备了发展其内部组织的可能性，才能使自己免受外部环境的变动所带来的有害的干扰。

我们不能忽视的事实是，细胞之发展为细胞群时，它们各自成为有生命的构成单位。和孤立的单细胞一样，复合机体中的每个细胞都有它自己的生命过程。我们在讨论稳态时曾经考察过为这些有生命单位所提供的环境——即内环境。然而我们尚未注意到在这些基本单位（细胞）内部所发生的情况。每个细胞都从它的液体环境中吸收水分、盐类和氧；它摄取食物用于合成或修复自身的组织，或制成特殊分泌所需的新物质，或从中获得整个机体执行其特殊机能所需的能量；最后，它把消耗和分解以及自身活动所留下的残屑这些废物排泄出去。细胞在正常情况下以精确的调节方式来执行这些复杂的机能，使摄入和排出既不过多也不过少。通过大量而复杂的交换过程，它极其巧妙地保持了自身内部的结构和精确的活动。

在单细胞生物中一切生命的机能——消化、运动、生殖——都由它单独来执行。当发展为细胞群时，就出现了分工现象。许多细胞被分别组成各种结构或器官以执行特定的机能——肌肉用以牵拉，神经用以传导冲动，腺体用以分泌。自然，这些器官并非始终在活动，在一个较长时间内，甚至在觉醒状态下，许多肌肉以及支配这些肌肉的神经可能是闲着的。消化器官除非给它工作来做，否则不会不间断地工作。只有呼吸器官和心脏必须持续坚持执行自己的职责；心脏以每分钟 70 次的中速频率搏动时，实际上 24 小时内只收缩 9 小时——也就是每次收缩后的休息间隔在一日之中达 15 小时之久。甚至在同一个器官的许多组成部分中，其活动也不是连续不断的；在坚持长时间的工作时，肌肉纤维是交替工作的，毛细血管在不需要血液流过时就处于闭合状态；肾小管也是轮换工作的。一般来说，内部器官（内脏）自身所固有的自动运动(automatism)能把自己的工作调节得如此之好，以致很少出现疲劳现象——胃蠕动波以常规速度运行，肠道的捏挤运动(kneading movement)的速度也不会超过本身常规的节律。只有中枢神经系统能够迫使所属器官的活动达到疲劳的程度，从而引起抑制和无效状态——而该系统几乎全部只限于支配骨骼肌。进一步来说，疲劳本身就是对过度活动的一种抑制。现在可以明白，在各个细胞内部以及在器官中所进行的作用过程，都伴随有大量的局部性质的自动调节作用。

III

最重要事实是，随着大批细胞的集团化及其在特定器官内部的配置过程中所形成的分工现象，使大多数的个别单位被固定在一定的位置上，以致不能为自身觅食而四处游走。这些被分离出去并专门化了的细胞单位由于远离重要的养料来源，将不得不停止其活动并且很快地就会死去，除非随着这些细胞的发展同时保证这些养料供应的运输系统和分配系统也得到发展。我们认为，这种运输系统和分配系统就是机体的液床——流动迅速的血液和运转较为缓慢的淋巴液。液床的存在使从事专门任务的远处细胞所面临的问题立刻变得简单化了。有了这种供应，这些细胞就不必去关心食物、水和氧的获得，能避免过度的冷热，并能避免排泄物蓄积的危害。正如我们已经知道的，所有这些情况都是在一个能保持液床恒定的专门机构的作用之下才能发生。只要这个恒定性得以保持，不同器官中的各类细胞就能用全部时间从事其专门职能。因此，液床对于有生命个体的更为复杂的机构来说是头等需要。它为这种机构提供了可能性，也对这种机构提供了稳定性。只要液床的恒定性得到稳定的控制，则不仅能使整个机体摆脱内部和外部的各种限制，如同我们一再指出过的那样，而且这也是一个重要的节约措施，可以大大减少把支配装置分散到各个不同器官上去。

我们可以顺便注意一下，负责控制液床恒定性的器官内部的细胞本身也是躯体的总的结构的组成部分，它们不能在外部所强加的不利条件下工作。通过维持血液和淋巴中的稳定状态，这些细胞既为躯体其他重要器官的细胞的利益而工作，也为它们本身的利益而工作。简言之，这很好地说明了相互依赖的机制；尽管在安全系数上留有充分余地，机体整体的完整性仍离不开个别组成部分的完整性，而反过来，这些组成部分除非作为有机整体的局部而存在，也会变成无能和无用。

IV

在原始状态下，靠狩猎和简陋的农业为生的少数人群，他们所面临的环境无异于孤立的单个细胞生活中所通常见到的情况。个体的人是自由的，他们可以自由地在广阔环境中到处活动并为自己觅食，但他们仍然依赖于当时所能供养自己的身边环境。他们对这种环境缺乏控制能力，他们只能无可奈何地顺从环境所决定的条件。

只有当人类组织起来成为大的集团，大体上像细胞组成机体那样时，才有可能产生一个内部机构来提供相互援助，并通过它使个人的特殊才智与技巧造福于集体。但随着社会共同体的发展日益庞大和复杂，恰如机体随其进化而变得更大和更加复杂化一样，社会分工的现象变得越来越明显。在一个文明社会中，专门工种的分类目录几乎可以多至无限。另外，就像动物机体内部的分工一样，一个复杂社会集团的分工有两个值得注意的后果——逐渐导致社会个体成员的相对固定以执行各自专门的工作，而且他们还可以远离自己生存所必需的供应来源。例如一个大的城市工厂中熟练的机械工人，他既不耕种粮食，又不制造衣服，也不直接开采燃料，这些事情他只需仰仗其他社会集团的成员。他可以只尽他自己的本分，只要别人也这样做，每个人都在普遍的合作中得到保证。这再次说明了整体及其组成部分是相互依存的；广大共同体的利益及其个体成员的利益是互惠互利的，正如在生理机体中所看到的那样，在政治实体中也是如此。

显然，目前国家在解决生存所需日常秩序恒定的维持或在保

证社会成员基本需要的不断供给方面，都尚未取得足够的成功。正在广泛探索能够减轻经济上巨大的上下波动所造成的不安与穷困的条件。稳定将解除人类大量的疾苦，在我们自己个体的躯体构成中，我们就有解决问题的成功例证，通过供应物资的储存和发放，通过改变连续作用的速度，通过对伤害作用的天然防卫，以及机体机能配备以广阔的安全界限，使正常机体能够保护自己免遭各种动乱之害达数十年之久。我们的躯体通过上万年漫长年代的经历，尽管是由高度易变的物质所构成，仍然能够发展出维护稳定的这一套装置。这里提供了什么启示呢？

V

一开始就引人注意的问题是，国家本身显示着某种初步的自动稳定作用。在上一章，我曾经提出这样的假设：一个复杂系统中存在着一定程度的恒定，这本身就证明了这些装置正在或随时准备发生作用以保持这个恒定。我还进一步提到，一个系统所以能保持稳定状态，那是由于任何变动趋势都将使一个或数个对抗这种变动的因素的作用有所加强。许多熟知的事实都证明，这些提法在某种程度上也适用于社会，尽管它目前还存在着不稳定的状况。保守主义的显现引发起一场激进主义的革命，而后者又步其后尘回到保守主义。松懈的管理及其后果使改革派掌权，但他们的严格控制不久又激起违抗和摆脱控制的愿望。战争中崇高的热情与牺牲，可继之以道义上的冷漠和任性的放纵。一个国家的任何一种强烈的倾向都难以持续到绝望的地步；在未达到这种极端之前，就会产生一个纠正的力量来阻止这种倾向，而后者的势力又常会发展到过分的程度，以致他们本身又引起一种反作用。从这些社会震动及其反复现象的本质的研究中可得到很有价值的见解，也能找到更加严格地限制这些动荡的办法。不过就这一点而言，我们还仅仅看到这种动荡得到了粗略的限制，这种限制或许暗示着社会稳态的初步阶段。

作为事物的相似状态，我们可以想起在脊椎动物的进化中，以及同样在生物个体的发生过程中，保持稳态的生理作用在初期也并未得到充分发展。只是在具备高度进化的其他表现的生物种类中我们才能看到能够迅速而有效地进行工作的自动化的稳定作用。我想再次指出：复杂的哺乳类比起相对简单的两栖动物来说，对内环境具有更大的控制能力，因而在出现干扰条件时能够获得更大的自由和独立。社会的构成难道也和低等动物的结构一样仍然处在其发展的初级阶段吗？看来文明社会有实现稳态的某些需要，但是它似乎还缺少其他方面的条件，正因为如此，它还在遭受严重的、本来可避免的痛苦。

我们姑且作严格的生理学方面的考虑（即衣食住等方面的供应），那我们不得不承认人类个体的稳态极大地取决于社会的稳态。为了保持我们的个人健康和生活能力，那就有若干基本需要必须得到满足，其中的某些需要是无偿地得到满足的。我们可以随意地、不花费用地得到氧，有时还有水。值得注意的是，城市中供水只能靠社会措施和公共支付才能得到。但还有一些其他方面的需要终究是同水和氧一样迫切的，这些需要时时因缺乏社会稳定而得不到满足。这些是对食物和保护（衣着、住房和保暖）以及享受医疗照顾的基本需要。对社会机构中的专业化工人来说，他们因自己的专业化而受到限制和隔离，因而几乎要完全仰赖于社会稳态，这种稳态的破坏会带来严重的危害，不但他们的躯体需要可能得不到充分的保证，而且还得加上因失去保障感而遭受到痛苦。如我们所已经知道的，在动物机体内用以保护各部分免遭内部或外部破坏的稳态，是通过受控液床这个装置来保持的。在文明社会里，相当于我们躯体装置所具有的这种特点的机构又是什么呢？

VI

从机能意义上说，在一个国家或一个民族里，最接近于动物机体中的液床的，就是它的分布在一切方面的分配系统——运河、河川、道路和铁路，包括船只、卡车和火车，它们像血液和淋巴那样承担公共运输者的作用；而批发和零售粮商代表着该系统的固定部分。在这巨大和复杂的渠道中，它的主流和侧支在不同程度上直接地达到社会的所有角落，商品在其产地被装运到其他地区。这些其他地区也同样是商品产地，这里的商品也同样地被纳入这条渠道中。农村、工厂、矿山和森林的产品就这样地被往返运转。但是只有在商品能换回相等价值的条件下才能从这个渠道中取走商品。当然，通常不进行直接的商品交换，那是极度不方便的办法。为了利于交换，具有通用价值的货币受到采用，或者，可以临时用信贷来代替它。任何个人可以通过自己的货币或信贷从这个渠道中取出他所需要或想要的任何东西。因此，货币和信贷成为社会液床中不可分割的部分。

为了保证在社会机体中实现与动物机体所达到同等程度的稳

定性；我们可以从后者得到如何控制液床以维持其恒定性的启示。首先，这要包括，通过生存必需品的流动的渠道来保证不间断的供应。食物、衣着、住所、取暖手段、伤病时的医疗救护，都自然属于这些必需的项目。稳定性还要包括保证个体劳动得到不间断的报酬——这种劳动会生产出具有交换价值的商品并被付与足够的工资以保证劳动者能从渠道中获取他和他的眷属所需要的东西。目前我只用了最低调的字眼来描述这种状态。如果要实现社会机体的稳态，至少这些条件是应该得到满足的。鉴于生物界的经验，社会稳定不能靠一个一成不变的、僵硬的社会制度去寻求，而要靠能保证不断满足人类基本需要的工业和商业的灵活调节作用来取得。

社会机体和动物机体一样，经常遭受扰乱，有的是外界强加的，有的则来自本身的活动。干旱、洪水、地震、火灾和疫病可破坏大量积累的财富——农作物和家畜，住宅和工厂——并使为数众多的男女老幼不但遭到生活上的根本需求的匮乏，并且失去获得它们的手段，既不能直接生产，又不能从公共渠道中索取。一个新机器的发明，由于它能代替千百个工人的劳动并使千百个劳动者失去自己的职业，于是他们在一个时期内失去获得收入的机会，而这些收入是他们为了从那条渠道中取得自己需要的物品所必需的。也可能某些商品生产过剩以致堆积在那条渠道中不能流通，或者这些商品的价值下降到只能换取少量其他商品的程度，结果造成其他可交换商品的积压；或者人们对未来的保障感到不安，因而把钱储蓄起来而不从渠道中换取商品，这又使商品积压下来；或者信贷被撤销，这同样造成了日常商品流通过程停滞的后果。商品流通不论以何种方式被阻止或受到妨碍，其结果是一样的。这条公共渠道被阻塞，流通速度变慢，工厂倒闭，工人因而失业，由于失业他们不能赚钱来取得他们的所需。在这些不同形式的灾害中，社会组织的个体成员对环境强加给他们的这些不幸不负有责任，就像在一个复杂体系中执行专门任务的、不同程度上固定的细胞单位一样，他们在面临新的情况时没有能力作出迅速的适应，在紧急情况下他们无力改变这个体系使之对全体成员有利。不论哪一种解决办法——新的个体适应或整个制度的改造——都需要时间和深思熟虑的计划。

VII

生物机体的稳定性对这个问题的解决方式提供了什么启示呢？我们在这里必须谨慎，不要一开始就把稳态秩序的原则扩展到庞大而棘手的行政管理领域中。我们假设存在一个范围有限并具有相当自给能力的行政管理区，那我们可以设想生物机体所提供的启示大致如下。

生物机体提示：稳定性是首要的。它比节约更为重要。机体不但要抛掉水和盐类，而且同样要抛掉糖，如果这些物质在液床中过剩的话。这种废弃是不经济的。如糖的补充趋于过低，则机体陷入惊厥状态，而惊厥标志着对抗活动到达了顶点，这种活动促使从肝脏储备中释放额外的糖来恢复血糖的正常水平。剧烈的寒战可以引起额外的热来防止体温下降。所有这些过多耗费能量的极端活动在平时并不发生，因为采用较为缓和的手段就够了；但是一旦有所需要，这些活动就随时发生以保持内环境的平衡。在危急时刻节省比起稳定来只占次要地位，这个论据得到了躯体中存在的安全系数的充分防备的证实。举例说，血量、肺活量、血压及心脏功率的状态不是建立在节约目的之上，而是为了必须去满足异常需要的可能性，这些需要如果得不到满足，则将给躯体的液床带来紊乱。

生物机体还提示，稳态的破坏有其早期征候，这种征候只要注意寻找是能够发现的。这种警告信号在社会机体中还几乎不为人们所知道，如果有一天人们能发现这些信号并证明它们的真正意义，那将是对社会科学具有头等重要性的贡献。在现代社会关系的复杂状态下，全局性的支配作用似乎更多地存在于商品分配手段及贸易和货币流通之中，而不是存在于制造、生产方面。我们的躯体装置提示，反映社会和经济危机的早期警告信号可能要在反映商业系统变动的敏感指示器中发现，虽然这些波动的原因可以在工业生产中找到。

生物机体还进一步提示，稳定的重要性使得有必要存在一个专门建立起来的由社会本身赋予的控制装置，具有维持其液床即贸易过程的恒定的力量。难道这不暗示着：当预见到社会动乱即将出现时，应当有一种力量把商品生产限制到某种程度，以便使供应更加合理地适应于需求；应当有一种力量来事先储备危急时刻能够拿出所贮存的商品；应当有一种力量来要求积累工资储蓄以备临时失业之用；应当有一种力量来安排临时就业或为新型工种培训熟练工人；应当有一种力量按照对内外干扰因素适应条件的要求来促进或延缓商品生产与分配这二者的例行过程？值得注意的是，在躯体性的机体中，这种储存或发放物资储备、加速或阻延连续作用的力量并不是由具备适应性智力的大脑皮质来操纵的，而是依靠其低级中枢，后者在接到特定信号通知时以自动方式来发生作用的。

有机体的发展说明，维持内环境恒定的自动装置是长期经验积累的、实验探索的、犯错和改错的产物。下面这种期望似乎是有道理的，即保证社会稳定的模式（这是可以发展的）将是与前者类似的进化产物。但是人类的智慧，以及已经起作用的稳定作用的成功例证，可以使社会进化相对地加快。

如果躯体细胞受到损伤，或受到病菌的侵犯，液床立刻就采取行动来帮助恢复正常状态。因此，机体内的这种状态表明，要通过社会集体的种种措施来保证其成员的保护和康复会得到良好周到的关怀，以使集体不致因其成员的能力低下或健康不良而遭到削弱。

我们必须考虑到这个事实：成人机体内组织细胞的数量是相当固定的，这就相当于人口调节。对于社会移民，我们没有任何与之相当的防备手段。我们同样没有办法来防止人口的无限制的生长，无论这是全球的还是局部地区的。当某些细胞以一种无控制的方式繁殖时，的确能够变成恶性疾患危及整个机体的安全。躯体尚无防卫手段来对抗这种病理过程。因此，看来人体能向社会机体提供的任何智慧都要附加这样的条件：人口要和合理保证的生存手段相适应，而人口的稳定要不被局部的或外来的大量增殖所干扰。

社会和生物机体间存在的明显不同之点是后者发生死亡的必然性。在生存过程中，细胞产生对自己不利的细胞间质，或者这些细胞因意外事件而受到不可恢复的创伤,或者它们因衰老而退化,直到最后它们所构成的重要器官失去作用,而该器官的失效终于导致整个机体活动的终止。死亡是使社会能够除去老的成员以让位于新成员的一种手段,因此一个国家或一个民族不必去预期自己的终结,因为它们的组成个体在不断地更新。所以一个国家的稳定作用一旦被找到和确立,可以指望这些作用会持续地进行下去,其长久性将和接受这些作用的社会有机体本身的存在一样,并在其发展过程中保持相当好的稳定。

VIII

相当意味深长的是,由于缺少社会稳定而遭受种种痛苦的人类被迫作出越来越多的努力来追求进步。不仅是乌托邦的幻想家,还有社会学家、经济学家、政治家、劳工领袖和有经验的业务经纪人都提出了各种避免经济灾害的方案。在所有这些建议中提出了要更多地在信贷、货币流通、生产、分配、工资和工人福利等方面加强管理的想法,代替了过去把这些视为个人主义进取心的一种权宜之计或合法化的观点。

共产主义者提出了他们解决问题的办法并在苏俄大规模地试验他们的计划。社会主义者则对缓和人类经济的疾苦有另外的方案。而在既未受共产主义也未受社会主义影响的美国,对工业和商业状况的稳定化提出了种种设想。这些设想包括设立一个国家经济评议会,或实业会议,或工业部、贸易团体部来代表重要工业或更高度集中的工业,并(在某些方案中)被赋予委任权力来协调生产与消费,以照顾靠工资收入生活者的利益;设立负责就业的调节机构和连锁机构，以国家职业管理局为辅，以失业保险作为保障措施，用兴办有计划的公共土木事业作为吸收闲散工人的手段；奖励个人不顾固定的社会机构所造成的危险而保持自己的主动性和创造性；缩短工时并禁止童工；提高工人的平均工资；以及通过政府的调节来保证一般公众在任何措施下都能保障他们的利益。

这些方案的多样性，本身就说明了还没有任何人能提出令人满意的单独方案。但是这些方案的设计清楚地证明，在富于思考和有责任感的人们心中存在着一个信念，用于解决社会不稳定的人类智慧能够减轻因工艺进展、无限制的竞争和利己主义私欲的相对泛滥所带来的种种困难。

由于人类智慧在各种医学-社会问题上的应用，鼠疫和天花这一类毁灭性的传染病已被消灭；致命的灾难，例如白喉和结核，其危害已大大减轻，发病率也已大为减少；而在地球表面的那些从前被视为危险地带的广大区域，由于战胜了疟疾、黄热病和钩虫病而创造了安全、卫生的居住条件。这一切成就是和社会组织、社会管理以及减少个体成员的独立性分不开的。经济学和社会学纲领——其侧重点在人类成员生产活动中的福利和成员的物质利益上——与方才提到的医学方面的纲领具有相似的目的。这些纲领承认，社会机体和躯体机体一样，不可能保持充沛的活力与效能，除非它的成员能得到保持健康的生命与活动能力所需要的最低基本条件的保证。而人类所具有的意志，要求这些条件不但要包括对我们所讨论过的那些基本需要的保障，而且还应包括对一些欲望的合理满足。

IX

在我们对机体中液床的受控稳定性所产生效应的研究中我们已经指出，只要稳定性得到保持，机体就能从内外干扰所强加的限制中解脱出来，能不能通过对社会有机体中“液床”的控制和稳定作用而取得这样的类似结果呢？这种希望并不是不合理的，即通过对生产和分配过程的周密计划与合理调节，能大大缓解灾难所带来的痛苦，并能解除由于巨大经济动乱而引起的必需物质的匮乏所造成的困境。赶走这种痛苦和困境将能解除生计上的恐惧、烦恼和担忧，而目前人们在生计上可能充满着阴暗的绝望情绪。正如英国一位大法官[①]所宣称，而又为联邦最高法院的一位法官所赞同的一句话中所说的：“贫穷的人，老实说，不是自由的人。”为了保证一切愿意工作的人得到工作，将需要对经济过程实行更多的控制，尽管这似乎会引起某些不快，但这是为争取更大的利益所作的较小的牺牲。

我们已经知道，躯体的稳态导致神经系统调节机体以适应新情况的机能得到了解放，使这些机能不必再去经常注意管理单纯维持生存的琐碎细节。如果没有稳态装置，我们将处在灾害的不断威胁之下，除非我们永远小心警惕地靠意志来进行校正动作，而在正常情况下这种校正是自动进行的。但是，依靠能使机体的重要作用保持稳定的稳态装置，我们作为个体才能够从奴隶状态解放出来——才能够自由地和我们的伙伴保持愉快的交往，才能够

① 大法官（Lord Chancellor），为英国的最高司法官员。——译者

享受美好的事物，才能够探索和了解我们周围世界的珍奇奥秘，才能够提出新的思想和旨趣，才能够工作和游玩，摆脱了为管理我们肉体事务而操心的枷锁。社会稳态的主要效益将是支持躯体稳态。这将有助于解放神经系统的最高作用，用以探索奇境和建立业绩。物质需要得到保证以后，那些无价之宝的非物质的东西才能得到。

人们可能担心社会的稳定作用会趋向于乏味的单调，会缺乏多样性的刺激。会这样的，但这只对于生存的基本需求才是这样。社会仍然会对新发现产生心理的动荡，会对显赫的功绩引起热情，会对人的天性的不和谐感到关切，会对新颖思想的报道感到兴趣，会对围绕爱与恨的种种风流韵事感到好奇，会对其他任何能使生活丰富多彩的事件引起关心。人们尤其可能有这样的担心：怕社会的稳定化将会过多地干涉个人的自由行动。但是，如我们再三强调过的那样，社会整体的稳定状态与其成员的稳定状态是密切相关的。恰如社会稳定作用会加强社会成员在身体和精神两方面的稳定一样，它也将孕育出他们的更加高度的自由，给他们平静和安逸，这些，对于享受有益于身体健康的娱乐，对于获得一个令人满意并给人增添活力的社会环境（milieu），以及对于个人素质的训练和享有，都是根本性的条件。

参 考 文 献

1. The Movements of the Stomach and Intestines in Some Surgical Conditions. By W. B. Cannon and F. T. Murphy. *Annals of Surgery*, 1906, xliii, pp. 513-536.
2. *The Mechanical Factors of Digestion*. By W. B. Cannon. London, 1911.
3. An Explanation of Hunger. By W. B. Cannon and A. L. Washburn. *American Journal of Physiology*, 1912, xxix, pp. 441-454.
4. The Interrelation of Emotions as Suggested *by* Recent Physiological Rescarches. By W. B. Cannon. *American Journal of Psychology*, 1914, xxv, pp. 256-282.
5. The Hastening of Coagulation by Stimulating the Splanchnic Nerves. By W. B. Cannon and W. L. Mendenhall. *American Journal of Physiology*, 1914, xxxiv, pp. 243-250.
6. The Effects of Hemorrhage Before and After Exclusion of Abdominal Circulation, Adrenals, or Intestines. By H. Gray and L. K. Lunt. *Ibid.*, 1914, xxxiv, pp. 332-351.
7. The Physiological Basis of Thirst. *The Croonian Lecture of the Royal Society*, London. By W. B. Cannon. *Proceedings of the Royal Society*, 1918, xc (B), pp. 283-301.
8. The Nature and Treatment of Wound Shock and Allied Conditions. By W. B. Cannon, J. Fraser and A. N. Hooper. *Journal of the American Medical Association*, 1918, lxx, pp. 607-621.
9. The Basal Metabolism in Traumatic Shock. By J. C. Aub. *American Journal of physiology*, 1920, liv, pp. 388-407.
10. Further Observations on the Denervated Heart in Relation to Adrenal Secretion. By W. B. Cannon and D. Rapport. *Ibid.*, 1921, lviii, pp. 308-

337.

11. The Metabolic Effect of Adrenalectomy upon the Urethanized Cat. By J. C. Aub, E. M. Bright and J. Forman. *Ibid.*, 1922, lxi, pp. 349-368.

12. The Critical Level in a Falling Blood Pressure. By W. B. Cannon and McKeen Cattell. *Archives of Surgery*, 1922, iv, pp. 300-323.

13. *Traumatic Shock*. By W. B. Cannon. D. Appleton and Company., New York, 1923.

14. The Effects of Muscle Metabolites on Adrenal Secretion. By W. B. Cannon, J. R. Linton and R. R. Linton. *American Journal of Physiology*, 1924, lxxi, pp. 153-162.

15. A Sympathetic and Adrenal Mechanism for Mobilizing Sugar in Hypoglycemia. By W. B. Cannon, M. A. McIver and S. W. Bliss. *Ibid.*, 1924, lxix, pp. 46-66.

16. Changes in Metabolism Following Adrenal Stimulation. By M. A. McIver and E. M. Bright. *Ibid.*, 1924, lxviii, pp. 622-644.

17. The Nervous Control of Insulin Secretion. By S. W. Britton. *Ibid.*, 1925, lxxiv, pp. 291-308.

18. The Rôle of the Adrenal Medulla in Pseudaffective Hyperglycemia. By E. Bulatao and W. B. Cannon. *Ibid.*, 1925, lxxii, pp. 295-313.

19. Pseudaffective Medulliadrenal Secretion. By W. B. Cannon and S. W. Britton. *Ibid.*, 1925, lxxii, pp. 283-294.

20. Some General Features of Endocrine Influence on Metabolism. By W. B. Cannon. *American Journal of Medical Sciences*, 1926, clxxi, pp. 1-20.

21. A Lasting Preparation of the Denervated Heart for Detecting Internal Secretion. By W. B. Cannon, J. T. Lewis and S. W. Britton. *American Journal of Physiology*, 1926, lxxvii, pp. 326-352.

22. The Influence of Motion and Emotion on Medulliadrenal Secretion. By W. B. Cannon and S. W. Britton. *Ibid.*, 1927, lxxix, pp. 433-465.

23. The Rôle of Adrenal Secretion in the Chemical Control of Body Temperature. By W. B. Cannon, A. Querido, S. W. Britton and E. M. Bright. *Ibid.*, 1927, lxxix, pp. 466-507.

24. Die Notfallsfunktionen des Sympathico-adrenalen Systems. By W. B. Cannon. *Ergebnisse der Physiologie*, 1928, xxvii, pp. 380-406.

25. Emotional Polycythemia in Relation to Sympathetic and Medulliadrenal Action on the Spleen. By J. J. Izquierdo and W. B. Cannon. *American Journal of Physiology*, 1928, lxxxiv, pp. 545-562.

26. Emotional Relative Mononucleosis. By V. Menkin. *Ibid.*, 1928, lxxxv, pp. 489-497.

27. Reasons for Optimism in the Care of the Sick. By W. B. Cannon. *New England Journal of Medicine*, 1928, cxcix, pp. 593-597.

28. A Diencephalic Mechanism for the Expression of Rage, with Special Reference to the Sympathetic Nervous System. By p. Bard. *American Journal of Physiology*, 1928, lxxxiv, pp. 490-516.

29. Some Conditions Affecting the Capacity for Prolonged Muscular Work. By F. A. Campos, W. B. Cannon, H. Lundin and T. T. Walker. *Ibid.*, 1929. lxxxvii, pp. 680-701.

30. *Bodily Changes in Pain, Hunger, Fear and Rage*. By W. B. Cannon. D. Appleton and Company, New York, 2nd Edition, 1929.

31. Organization for Physiological Homeostasis. By W. B. Cannon. *Physiological Reviews*, 1929, ix, pp. 399-431.

32. Some Aspects of the Physiology of Animals Surviving Complete Exclusion of Sympathetic Nerve Impulses. By W. B. Cannon, H. F. Newton, E. M. Bright, V. Menkin and R. M. Moore. *American Journal of Physiology*, 1929, lxxxix, pp. 84-107.

33. The Autonomic Nervous System, an Interpretation. The Linacre Lecture. By W. B. Cannon. *The Lancet*, 1930, i, pp. 1109-1115.

34. Observations on the Central Control of Shivering and of Heat Regulation in the Rabbit. By S. Dworkin. *American Journal of Physiology*, 1930, xciii, pp. 227-244.

35. The Effects of Progressive Sympathectomy on Blood Pressure. By Bradford Cannon. *Ibid.*, 1931, xcvii, pp. 592-595.

36. A Belated Effect of Sympathectomy on Lactation. By W. B. Cannon and E. M. Bright. *Ibid.*, 1931, xcvii, pp. 319-321.

37. A Method for Uniform Stimulation of the Salivary Glands in the Unanesthetized Dog by Exposure to a Warm Environment, with Some Observations on the Quantitative Changes in Salivary Flow during Dehydration. By M. I. Gregersen. *Ibid.*, 1931, xcvii, pp. 107-116.

图书在版编目(CIP)数据

躯体的智慧/(美)坎农著;范岳年,魏有仁译.—北京:商务印书馆,2017
(汉译世界学术名著丛书:120年纪念版:珍藏本)
ISBN 978-7-100-14726-2

Ⅰ.①躯… Ⅱ.①坎… ②范… ③魏… Ⅲ.①人体生理学 Ⅳ.①R33

中国版本图书馆CIP数据核字(2017)第159815号

汉译世界学术名著丛书
(120年纪念版·珍藏本)
躯体的智慧
〔美〕坎农 著
范岳年 魏有仁 译

商 务 印 书 馆 出 版
(北京王府井大街36号 邮政编码100710)
商 务 印 书 馆 发 行
北 京 冠 中 印 刷 厂 印 刷
ISBN 978-7-100-14726-2

2017年12月第1版 开本710×1000 1/16
2017年12月北京第1次印刷 印张14½
定价:75.00元